織田信長の霊言

戦国の覇者が示す国家ビジョン

RYUHO OKAWA
大川隆法

本霊言は、2013年1月18日（写真上・下）、幸福の科学総合本部にて、
質問者との対話形式で公開収録された。

まえがき

歴史的には、信長《のぶなが》の評価には判断が分かれる行動が多い。ただ乱世の英雄であり、危機の英雄であることは間違いない。作家の司馬遼太郎《しばりょうたろう》氏は、軍事的天才は、一国の歴史で一人出るかどうかだ、と述べた上で、わが国には、源 義経《みなもとのよしつね》と織田《おだ》信長という二人の軍事的天才が存在したことを明言している。

本書の霊言中にも、信長の天才的な発想、煌《きら》めきのようなものがうかがえた。

当会には、明治維新の志士をはじめ、軍事的英雄や建国の神々が数多くの霊言を送ってきている。真偽のほどは判断できない方も多かろうが、いずれ歴史がその正統性を証明することになるだろう。

強い決断と実行の人であり、かつまた、救国の英雄がこの国に現れてくるのを楽しみにしている。

日本の夜明けは近いと思う。

二〇一三年　三月二十六日

幸福《こうふく》の科学《かがく》グループ創始者兼総裁《そうししゃけんそうさい》　大川隆法《おおかわりゅうほう》

織田信長の霊言　目次

まえがき　1

織田信長《おだのぶなが》の霊言《れいげん》

――戦国の覇者《はしゃ》が示す国家ビジョン――

二〇一三年一月十八日　収録
東京都・幸福の科学総合本部にて

1　「三英傑《えいけつ》」の一人、織田信長に訊《き》く　13
現代において「天下を取る」とは何を意味するか　13
過去の霊査《れいさ》で「信長」を名乗った霊人《れいじん》たち　15
死後、時間がたたないと「偉《えら》さ」が分からないこともある　18

「弟子《でし》が社会で認められるかどうか」が分かれ目 19
「日本の近代の始まり」と見なされる織田信長 23
「本能寺《ほんのうじ》の変」の原因①――論功行賞《ろんこうこうしょう》での不満説 25
「本能寺の変」の原因②――天下人《てんかびと》への野心説 28
「本能寺の変」の原因③――外交上のメンツ説 30
「本能寺の変」の原因④――家康《いえやす》の接待失敗説 31
「役職が上がると無能になる」という「ピーターの法則」 34
ヒトラーに似たところがあった晩年の信長 36
「日本の近代」を拓《ひら》いた軍事的天才・織田信長を招霊《しょうれい》する 39

2 織田信長の考える「国防戦略」 42

今の日本には「時代の変革者」の考えが必要 42
「中国の軍事大国化」を見過ごした日本の政治家を叱《しか》る 47

「日本を守る」のではなく、「中国を攻《せ》め取る」という発想　49
「桶狭間《おけはざま》の戦い」をモデルにしすぎて負けた日本軍　53
中国が手も足も出せない「秘密兵器」をつくるべきだ　55
民主主義では「先軍《せんぐん》政治の中国」に勝てない？　57
「兵站《へいたん》を計算できない」というのが習近平《しゅうきんぺい》の弱点　59
「中東の和平」でアメリカの軍事予算は極東に回る　62
「台湾《たいわん》は日本固有の領土だ」と中国に言い返せ　63
停止している原発は「核《かく》兵器製造工場」に変えたらよい　66
中国を「情報戦」で調略するための具体的方法　68

3　日本が「アジアの中心」となるには　73

自主性がなく、利益があるほうにフラフラする韓国《かんこく》　73
「台湾型の政治経済」で中国を治めるのが基本的な筋　74

「日本のシンガポール化」を進め、さらなる経済発展を　76
日本のマスコミに必要なのは「未来志向」の発信　79

4　「新生・自民党」に苦言を呈《てい》す　83
日本主導でアジア・オセアニア圏《けん》での経済交流を活発に　83
関税がかからない「TPP」は日本にとって有利に働く　84
「テロは二度と起こさせない」という断固たる決意を　87
「一国平和主義を超《こ》える哲学《てつがく》」を打ち立てることが急務　90
日本の神々は今、国民の自覚を促《うなが》している　92
「未来の党」も「維新《いしん》の会」も、夏までに〝溶《と》けて〟しまう？　94

5　幸福実現党は「出番」に備えよ　96
国民も「一貫《いっかん》して正しかった政党」が分かってくる　96
アベノミクスを正しく言うと「幸福の科学ミクス」　97

人々を間違《まちが》った方向に指導するマスコミに起きる「因果応報《いんがおうほう》」　99
「哲学」のない橋下徹《はしもととおる》氏は、もうすぐ立ち枯《が》れる？　100
宇宙・軍事・航空系における「アメリカの壁《かべ》」を打ち破れ　101
「宇宙開発」で中国の後塵《こうじん》を拝するのは許せない　103

6 **もしも「織田幕府」が開かれていたら**　105
「明治維新」が二百五十年ぐらい早く起きたはず　105
日本が「アメリカ大陸」に植民地をつくった可能性もある　107
「誰《だれ》が天下統一するか」は予定されたものではなかった　109
徳川《とくがわ》家康は時代を遅《おく》らせただけだったのか　112

7 **信長の「死後の行方《ゆくえ》」を探《さぐ》る**　114
一向宗《いっこうしゅう》や比叡山《ひえいざん》を弾圧《だんあつ》した理由　114
死後、「火炎地獄《かえんじごく》」に堕《お》ちたのか　116

生前、自らを「神の分身」「時代精神」と思っていた　118
魂《たましい》の分身が「フランス革命」を起こす〝自由の息吹《いぶき》〟になった　121
中国時代の過去世《かこぜ》は、やはり「項羽《こうう》」なのか　126

8　**現代に生まれ変わっているのか**　128
秀吉《ひでよし》・家康などは「手下の手下」レベルの連中？　128
信長の現代への転生《てんしょう》は「二十一世紀最大の秘密」　130
なぜか「現代のこと」に精通しつつある信長　133
凡人《ぼんじん》政治を〝高天原《たかまがはら》の神評定《かみひょうじょう》〟に変えよ　137
「大うつけ」の幸福実現党よ、そろそろ天下を取れ　139

9　**弟子が「大将首」をあげるべきとき**　143

あとがき　148

「霊言現象《れいげん》」とは、あの世の霊存在の言葉を語り下ろす現象のことをいう。これは高度な悟《さと》りを開いた者に特有のものであり、「霊媒現象《れいばい》」（トランス状態になって意識を失い、霊が一方的にしゃべる現象）とは異なる。

なお、「霊言」は、あくまでも霊人の意見であり、幸福の科学グループとしての見解と矛盾《むじゅん》する内容を含《ふく》む場合がある点、付記しておきたい。

織田信長《おだのぶなが》の霊言《れいげん》

―戦国の覇者《はしゃ》が示す国家ビジョン―

二〇一三年一月十八日　収録

東京都・幸福の科学総合本部にて

織田信長《おだのぶなが》（一五三四～一五八二）

日本の戦国武将。尾張国《おわりのくに》（愛知県）に生まれる。若いころは奇行《きこう》が多く、「大うつけ者」と呼ばれたが、父・信秀《のぶひで》の死後、家督《かとく》を継《つ》ぎ、しだいに頭角を現す。「桶狭間《おけはざま》の戦い」で今川義元《いまがわよしもと》を、「長篠《ながしの》の戦い」で武田勝頼《たけだかつより》を破り、覇権《はけん》を拡大。また、比叡山《ひえいざん》焼き討《う》ちや石山本願寺《いしやまほんがんじ》攻めなどで、対立する寺社勢力を制圧した。一方、不要な関所を廃《はい》し、楽市楽座《らくいちらくざ》を行うなど、商工業の発展に寄与《きよ》した。「天下布武《てんかふぶ》」を掲《かか》げて天下統一を目指したものの、「本能寺《ほんのうじ》の変」で自刃《じじん》。

質問者　※質問順

綾織次郎《あやおりじろう》（幸福の科学理事兼《けん》「ザ・リバティ」編集長）

黒川白雲《くろかわはくうん》（幸福実現党政調会長兼出版局長）

［役職は収録時点のもの］

1 「三英傑《えいけつ》」の一人、織田信長に訊《き》く

現代において「天下を取る」とは何を意味するか

大川隆法　今日（一月十八日）あたりから、『太閤秀吉《たいこうひでよし》の霊言《れいげん》』（幸福の科学出版刊）が書店に出ていると思いますし、今朝《けさ》ほどは、『徳川家康《とくがわいえやす》の霊言』（同右）の校正を終えたところなのですが、「秀吉と家康を出したら、信長も出さないと具合が悪いかな。三つ揃《そろ》えないと、やはり納得《なっとく》がいかないのではないか」という気がしてきました。そこで、予定は全然なかったものの、急遽《きゅうきょ》、「織田信長の霊言」を収録することを決めました。

そういうことで、大して勉強しておりませんが、お許し願いたいと思います。

このあたりの戦国武将については、秀吉を呼んでも、家康を呼んでも、もうひとつスキッとしないところがあります。「現代に生まれ変わっているかどうか」を追及《ついきゅう》しても、答えをぼかして、はっきりと言わないので、「戦国時代の覇者《はしゃ》が現代に生まれてきたら、どういう人になるか」ということに関しては、もしかしたら、予想とはだいぶ違《ちが》うものがあるのかもしれないという感じがします。

私たちは、すぐに総理大臣かを考えてしまいますが、一年で代わるような総理大臣などにはならない生まれ方をするのかもしれませんし、あまりにも意外性がある場合には、どういう人に生まれているかを言わないこともあるのかもしれません。

例えば、「織田信長が現代に生まれ変わり、ＡＫＢ48のリーダーになっていた」などという場合、これはもう当てようがなく、ほぼ予想不可能になるでしょう。

しかし、そういうこともないとは言えません。

今の時代に「天下を取る」とは、どういうことを意味するか、若干《じゃっかん》、分からないところがあります。「選挙で選ばれて、何十年も議員をやり、ようやく一年間だけ総理をする」ということが、「天下を取る」ということではないかもしれません。「一世を風靡《ふうび》する」というようなことなのかもしれないわけです。したがって、「いったい何をもって『天下を取る』というのか。今、何になって生まれるか」というのは、ちょっと分かりません。

過去の霊査《れいさ》で「信長」を名乗った霊人《れいじん》たち

大川隆法　信長に関しては、過去に調べたことはあるのですが、この人も、まだすっきりしていない人の一人です。

有名な人ですので、おそらく、ほかの霊能者《れいのうしゃ》系の団体でも、「信長の生まれ変わり」と言われている人は、有名人などに数多くいるのではないかと推定しています。

私も、幸福の科学を立ち上げる前、霊言を録《と》りためていたころに、一度、調べたことはあるのですが、そのときには、どうも信長はあまりいいところに行っていなくて、火炎地獄《かえんじごく》にいるかのような出方をしてきた気がします。そのため、その霊言は原稿《げんこう》になっておりません。

ただ、当時は、GLA《ジーエルエー》の高橋信次《たかはししんじ》の影響《えいきょう》が多少出た可能性もあると思っています。「生前、高橋信次は、『明智光秀《あけちみつひで》は光の天使で、信長は地獄に堕《お》ちてサタンのようになっている。光秀には、神仏に対する信仰心《しんこうしん》があったけれども、信長にはなかったため、光秀が、神仏を軽《かろ》んじる信長を討《う》ったのだ』というようなことをGLAで言っていた」と聞いています。

ちなみに、初期の幸福の科学には、「高橋信次から『明智光秀の生まれ変わり』と言われた」という人も来ていましたが、すでに亡《な》くなっていると思います。その人には、最初のころに、不動産関係で多少アドバイスをしてもらったりしたことはあるのですが、私が、「その過去世《かこぜ》は、どうも違うようだ」と判定したので、がっかりしていました。

まあ、難しいですが、有名人の名前は言いやすいのでしょうね。霊として出てきても、名前がないとさみしいので、「実は家来だったのに、親分の名前を名乗る」とか、「自分が知っている人の名前を名乗る」とか、そういう場合もあるのかもしれません。

昔は、そういうものも出てきましたし、その後、一九九〇年代には、若手の論客として出てきている保守系政治家の過去世をいろいろと調べているなかで、守《しゅ》護霊《ごれい》が「信長の生まれ変わり」を名乗った人もいました。

一時期は、「そうかな」と思っていたものの、その後を見ていると、どうも伸《の》び悩《なや》んでいるようでした。「選挙型民主主義では、天下は取れないのかな」と、同情的に思ったりもしていたのですが、今後、それほど偉《えら》くなりそうな感じがしないので、最近は、「やはり、違うと見たほうがいいのかな」と考えています。

また、当会がＨＳ政経塾《じゅく》をつくり（二〇一〇年に開塾）、新たに政治家養成をし始めたところ、若い塾生のなかに、その守護霊が信長を名乗る人も出てきたりしています。

しかし、まだ実績がありませんし、被《ひ》選挙権もない段階なので、何とも判定ができないのです。こういう人の場合は、ある程度、人生経験を積み、実績が出てこないと、最終的な確定は、そう簡単にはできないと思います。

死後、時間がたたないと「偉《えら》さ」が分からないこともある

大川隆法　ただ、今世《こんぜ》だけでは、何とも言えないところもあります。思想家や宗教家の場合、死んだ段階では偉《えら》さが分からないことも多く、死後、時間がたって

から有名になったりする人もいます。

例えば、ソクラテスがそうですし、あるいは、政治家でも、吉田松陰《よしだしょういん》のように、罪人《ざいにん》として処刑《しょけい》されても、あとから弟子《でし》が明治維新《いしん》で活躍《かつやく》したため、明治時代以降に偉くなってくるような人もいます。

また、坂本龍馬《さかもとりょうま》のように、薩長《さっちょう》同盟を結ばせたりして有名になっていたものの、維新前夜に亡くなり、その後、二、三十年間、忘れられていて復活してくるようなこともあります。

ですから、そう簡単には分からないものなのだと思います。

「弟子《でし》が社会で認められるかどうか」が分かれ目

大川隆法　よそでも、「過去世では偉かった」とされる人は数多くいるだろうと思いますが、当会も、威信《いしん》にかけて頑張《がんば》らなければいけません。

ある意味で、このあたりが、カルト宗教か否《いな》かの境目なのかもしれないと思うのです。

いろいろな宗教がありますが、霊能者の教祖が、「自分の周りに、偉い人がたくさん出ている」などと言うところは数多くあるでしょう。しかし、それが通じるのは教団のなかだけで、外には通じないことが普通《ふつう》です。

それが外に通じるレベルまで来ると、内外の認識が一致《いっち》してくるわけですね。

当会も、幸福実現党をつくって、今、選挙活動を行っていますが、もしかすると、幸福の科学の信用収縮が起きている可能性もあります。つまり、「どうも、弟子《でし》があまり偉くないのではないか」というような信用収縮が、若干、起きている感じもするので、どこかで突破口《とっぱこう》を開《ひら》き、道を拓《ひら》いて、世間《せけん》で認められるようになってくると、状況《じょうきょう》が違ってくるのではないかと感じています。

私自身は、本の発刊や講演会の開催《かいさい》等を通じて、ある程度、実績ができてきたため、社会的な存在として認められているのですが、今、弟子のところが、「社会的に、どの程度偉いのか」ということが確定できずにいるのではないかと思います。

「外に出してみたら、どのくらいの偉さの人と釣《つ》り合うのか。政治家でいうと、知事ぐらいなのか。あるいは、会社の社長だと、どのくらいの人と釣り合うのか」ということが分からないわけです。

このへんが、選挙をやっても、なかなか判定が出ない部分かと思います。内部での序列と、外部での評価とが違うわけです。

やはり、弟子のところが力を持ってきて、ある程度、社会に認められていかないと、おそらく最終的な完成形態にはならないでしょう。

教団のなかだけで「過去世が偉い」と言われているような人は、ほかのところにもいるだろうと推定されるので、そういうレベルから抜《ぬ》け出せるかどうかは、やはり、「弟子たちが、ある程度、社会的に偉くなるかどうか」にかかっているような気がします。

例えば、孔子《こうし》自身は就職によく失敗していましたが、彼の弟子たちは、いろいろなところで大臣をやったり、宰相《さいしょう》をやったりしていて、実績があがっています。

また、吉田松陰が偉いといっても、本人は捕《つか》まえられて獄舎で〝塾〟を開き、その後、小さな松下村塾《しょうかそんじゅく》で教えたぐらいですが、教えを受けた人たちのなかから、総理大臣などが数多く出てきています。そういった「果実」を見て、「師である吉田松陰が偉かったのだろう」という判断がなされているわけです。

そのように、当会も、「『木』ではなく『果実』のほうを見られる時期が、いよいよ近づいてきているのではないか。今、後半戦の部分に入っていこうとしているのではないか」と思われます。そのように考えているところです。

「日本の近代の始まり」と見なされる織田信長

大川隆法　さて、今日の織田信長ですが、この人について知らない人は、ほとんどいないと思います。

彼は、戦国時代に終わりを告げた人です。

徳富蘇峰《とくとみそほう》という歴史家は、日本の近世史を書くに当たって、織田信長から書き始めています。信長の時代あたりを「近代の始まり」と見ているのです。

近代の始まりを何と見るかですが、ヨーロッパの中世の終わりは、やはり、宗教改革によって旧《ふる》い宗教の体制を壊《こわ》すところから始まり、科学的思考が出てきて、それが広がり始めるころから、近代が始まります。

この信長は、宗教の側から見ると、確かに、比叡山《ひえいざん》も焼き討ちしていますし、一向宗《いっこうしゅう》に対しても皆殺《みなごろ》しに近いような殺し方をしているため、仏敵《ぶってき》に見えなくもありません。しかし、それまで恐《おそ》ろしくて誰《だれ》も手を出せなかった、日本のバチカンのような比叡山や、大きな力を持っていた一向宗などを、堂々と万の単位で殺していったあたりに、外国の近代に当たるような部分もあったのかと思います。

一方、経済的には、楽市楽座《らくいちらくざ》など、新しいことを考えたり、戦争の仕方では、毛利《もうり》水軍と戦うに当たって、火矢でも燃えない鉄甲船《てっこうせん》を開発したりするなど、いろいろな工夫《くふう》をしています。

それから、「勝頼《かつより》の代の武田《たけだ》軍団と戦うときに、『天下一』と言われた武田の騎《き》馬武者《ばむしゃ》を、鉄砲《てっぽう》（火縄銃《ひなわじゅう》）を三段構えにして交代で撃《う》つことによって潰《つぶ》した」という話も有名です。

そのように、「信長は非常に近代的なものの考え方ができた」と言われています。そういう意味で、評論家の堺屋太一《さかいやたいち》氏などは、信長を天才扱《あつか》いしていたのではないかと思います。確かに、斬新《ざんしん》な発想はありました。

なお、宗教的には、仏敵という見方もあるものの、キリスト教の布教《ふきょう》を手伝ったりもしているので、神仏への信仰心がまったくなかったわけではないと思われます。

既成《きせい》勢力としての仏教や神道《しんとう》に、少し弾圧《だんあつ》を加えたのかもしれませんが、キリスト教を広げたり、教会を建てたりもしているので、そういうものをまったく信じていなかったわけではないでしょう。

もし、信長の天下が続いていたら、日本はキリスト教国になっていたかもしれません。その可能性もなくはないと思います。

「本能寺《ほんのうじ》の変」の原因①――論功行賞《ろんこうこうしょう》での不満説

大川隆法　そして、最期《さいご》は、部下のエリート筆頭で、秀吉と競《きそ》っていた明智光秀に襲《おそ》われて自刃《じじん》しています。これについては、映画やテレビドラマ等で、いろいろな描かれ方をされていて、秘密やミステリーがたくさんあるのですが、その感じは、何となく分からないわけでもありません。

つまり、小さな尾張《おわり》一国を統一するところから始めて、天下取りに向かって領土を拡張していく間に、いろいろな無理が重なっていったのでしょうし、信長のやり方を見ると、「部下たちにノルマを与《あた》えて出世競争をさせる」というようなかたちで天下取りを目指していますので、人事面や功労面の評価等での不満が多少あったかもしれないという気がします。

特に、最終的な段階で、後発の秀吉が上に上がってきて、その秀吉の下につけられそうになったあたりで、おそらく光秀は我慢《がまん》ならなくなったのではないかという感じがしなくもありません。

また、信長は、尾張から出てきて京都に攻《せ》め上《のぼ》るに当たり、足利義昭《あしかがよしあき》を戴《いただ》いて京都入りしたわけですが、その際に、光秀が大変な根回し役をやりました。

そういう意味で、「信長に『錦《にしき》の御旗《みはた》』的な大義名分を与えたのが光秀である」という考えもあろうかと思うのですが、信長は、結局、その足利義昭も追放してしまい、自分で天下取りに入ったわけです。

光秀には、そういうことに対する不満もあったかもしれません。

それから、比叡山を焼き討ちしたり、一向宗の信徒を万単位で殺したりしたことにも、信仰心の篤《あつ》かった光秀としては納得がいかない面もあったかもしれませんし、秀吉との競争の部分もあったかもしれません。

さらには、「領地替《が》えの問題で、頭に来たのだ」と指摘《してき》する人もいます。

信長は、天下取り目前で、ほとんど全国制覇が見えてきた段階だったので、信長の頭のなかには、「論功行賞《ろんこうこうしょう》として、自分の部下たちに、どこの土地を与えるか」という構想があったと思われます。すなわち、「自分が、ここに本拠《ほんきょ》を置くと、その周りには誰を置くか」というようなことを考えていたと思うのです。

その際、近江《おうみ》あたりの土地を持っていた光秀に、まだ取っていない遠方の土地を与えるようなことを言ったりしたため、光秀はカーッと来たわけです。そういう説もあります。

おそらく、森蘭丸《もりらんまる》などの小姓《こしょう》たちを大名に取り立ててやらなくてはいけなくなるので、そういう人たちに、自分の周りの国を与えたかったのでしょう。

ただ、そういう構想が先に外へ出てしまったために、不満になって表れた可能性もあります。

「本能寺《ほんのうじ》の変」の原因②――天下人《てんかびと》への野心説

大川隆法　また、一説によれば、「武将としての光秀自身の願望もあった」とも言われています。つまり、「『たとえ一日でもいいから、天下人《てんかびと》になりたい』という気持ちがあったのではないか」ということですね。

なぜかは分かりませんが、信長は、最後に少し隙《すき》を見せています。秀吉が中国攻めをしているときに、光秀軍一万三千を援軍《えんぐん》として送ろうとしたのですが、信長自身は京都の本能寺《ほんのうじ》に、わずか手勢百名かそこらで泊《と》まっていたのです。「光秀に襲われる」とは思っていなかったのでしょうが、「一万三千」対「百余り」であれば、簡単に襲えます。そういう状況を見て、光秀に野心が湧《わ》いたのかもしれません。

ただ、「光秀は、六月二日の『本能寺の変』の何日か前の連歌《れんが》会でも、天下人への野心を詠《うた》った」という説もあるので、そのときには、もう腹を決めていたかもしれません。

あるいは、後に秀吉によって全滅《ぜんめつ》させられた鉄砲集団である雑賀衆《さいがしゅう》との書簡のやり取りなども遺《のこ》っていて、そこには、「光秀が信長を倒《たお》すために立ち上がったときには、雑賀衆が助ける。そして、お上《かみ》を戴く」などと書かれたものがあるようです。

この「お上」は足利義昭しか考えられないので、「光秀が足利義昭を立てて信長を倒すときには、雑賀衆が助ける」という密約があったのではないかとも言われています。

もしかしたら、そういうこともあったかもしれません。

「本能寺《ほんのうじ》の変」の原因③——外交上のメンツ説

大川隆法　あるいは、もう一説として、これは四国が絡《から》むのですが、信長自身は、四国攻めに行く予定でした。
当時の四国では、土佐《とさ》（高知県）の長宗我部元親《ちょうそかべもとちか》という人が強かったのですが、阿波《あわ》（徳島県）のほうでは三好《みよし》氏という大名が力を持っていて、これに抵抗《ていこう》していました。

　このときに、光秀は、外交的に根回しをして、土佐の長宗我部氏に信長軍との軍事同盟を結ばせ、阿波の三好氏を挟《はさ》み撃ちにして倒そうとしていたのです。ところが、三好氏のほうが降参してしまったため、長宗我部氏との軍事同盟は必要なくなり、今度は長宗我部氏のほうを倒すようなことになって、光秀の外交戦略は潰れてしまいました。しかも、光秀には長宗我部氏との縁戚《えんせき》関係があったようで、「そういう面でメンツを潰されたのが謀反《むほん》の原因だ」という説もあります。

「本能寺《ほんのうじ》の変」の原因④——家康《いえやす》の接待失敗説

大川隆法　そのように、諸説ございますが、さらに、外国人のルイス・フロイスが書いた『日本史』には、「本能寺《ほんのうじ》の変の少し前に、信長が、光秀に徳川家康《いえやす》の接待係を命じたのだが、その打ち合わせのときに、反対意見を言った光秀を信長が足蹴《あしげ》にした。それが原因で謀反が起きたのだ」と述べられています。そういうことを外国人の目で見て書いています。

また、信長の出身地である尾張・名古屋《なごや》は、今でもそうですが、きしめんをドロドロッとした赤味噌《みそ》で食べるような、そういう濃《こ》い味を好む地域です。

一方、光秀は京都派ですので、「上品な薄味《うすあじ》での接待を心掛《が》けたのではないか」と言われています。そのため、京都風の薄味が信長の舌に合わず、味がないように感じられたのかもしれません。

確かに、「舌に合うか合わないか」というのは、よくある問題だと思います。一説では、信長は琵琶《びわ》湖《こ》の鮒寿司《ふなずし》が食べられず、「『どうして、こんな腐《くさ》ったものを出したのだ！』と怒《おこ》った」とも言われています。

私も、昔、琵琶湖の周辺に行ったときに、鮒寿司を切って出されたことがあります。何年もかけて発酵《はっこう》させ、形がなくなったような鮒寿司は、非常に高価な貴重品なのですが、どうしても食べられませんでした。そのときは、一口食べて、

「これだけは、どうしても食べられません。勘弁《かんべん》してください」と言って、ご遠慮《えんりょ》申し上げたのです。

やはり、鮒寿司は、食べられない人には食べられないものです。そういう接待を光秀がしたために、信長と合わなかったのかもしれません。

また、光秀には、「この京都系統の風流が分からない田舎者《いなか》など、もう相手にできない」というような気持ちがあったかもしれません。彼の前半生についてはよく分からないところがあるのですが、足利幕府との間を取り持てるぐらいの人ではあったので、ある程度、京都の貴族文化に慣れ親しんでいたのでしょう。そういう意味での文化人として、田舎者を見下すような　面があったというか、角《かど》があったのかもしれません。

今風に言えば、名古屋大卒の人が〝天下取り〟を目指しているときに、京大卒のエリートが出てきて、「名古屋あたりの者が、天下取りなんかするんじゃねえよ」と刺《さ》したのが生意気で、「もう首をはねてやる！」という感じになったのかもしれません。そういう可能性もあります。今風に言えば、そんな感じだったのかもしれませんが、ありえることではあります。

「役職が上がると無能になる」という「ピーターの法則」

大川隆法　幸福の科学も立宗《りっしゅう》して二十六年間やってきましたが、そのときどきに活躍する人はいました。しかし、外国の経営学で「ピーターの法則」というものがあるとおり、「あるときに活躍した人が、役職が上がっていくと、ある段階で無能レベルに達する」ということがあるのです。

例えば、平社員のときには頑張っていたのに、課長にしたら急に無能になる人がいます。要するに、部下が使えないわけです。また、課長ができても、部長になったらできなくなる人、役員になったらできなくなる人、副社長や社長になったらできなくなる人がいます。

あるいは、「営業マンとして非常に実績をあげたので、出世させて部長などにしてみたら、人を使えない」というケースもあります。つまり、自分では営業ができるものの、人を使って実績をあげられないわけです。

こういう人の場合、本当は、給料だけを高くしてやり、役職は付けないほうがよいのです。専門職というか、営業専門でやらせたほうがよいのですが、それだけ手柄《てがら》をあげると、やはり、どうしても役職を上げてしまいます。その結果、人を使って仕事をすることができなくて、失敗することがあるのです。

当会でも、初期のころから、それぞれの段階で、自分では「活躍した」と思っている人は大勢いたのですが、段階が変わってくると、間尺《ましゃく》に合わなくなってくることがあります。

そのため、「あのときは、あんなにほめてもらったし、あれだけ実績があがって期待されていたのに、新しく次の人が入ってきたら、自分はだんだん横にそれていき、扱いが悪くなった」と言って暴《あば》れる人がいます。

あるいは、職員を辞《や》めて転職したあと、うまくいっている人の場合は、おとなしく信者をやっていることが多いのですが、ほかの会社に転職してうまくいかなかったり、自分で起業して失敗し、借金をこしらえたりした人などは、「昔は、教団の花形だったのに」ということで、十年もたってから教団の悪口を言い出すような人もいます。こういうことはよくあるのではないかと思います。

ヒトラーに似たところがあった晩年の信長

大川隆法　もう一つ、信長について感じたことがあります。それは、「ドイツのヒトラーに似たところがある」ということです。信長を描いた作品を観《み》ていると、役者さんの演技がうまいせいかもしれませんが、天下取りに近づいていき、光秀を足蹴にするあたりのシーンで、そう感じたのです。

以前、ヒトラーの実話ドラマを観たことがあるのですが、戦線がだんだん拡大していってヨーロッパ全体に広がっていき始めると、ヒトラーも神経的にビリビリ来るようになっていきました。やはり、一定のレベルを超《こ》えると、人間としての責任能力の範囲《はんい》を超えるのかもしれませんが、神経にとても障《さわ》るようになるようです。そうすると、ものすごく残忍《ざんにん》になってみたり、ものすごく神経質になったりするわけです。

ヒトラーは、いつも夏には山荘《さんそう》にこもっていたのですが、そこでは、秘書にも、その他の部下たちにも、服装や髪型《かみ》を変えることを許さなかったと言われていまず。みな、同じ服を何着も持っていて、それを着替え、また、いつもまったく同じ髪型にして、ヒトラーの神経に障らないようにしていたそうです。やはり、あれだけ各国と戦っていると、どこかで神経に来てしまうのかなという感じを受けました。

信長の最後のほうにも、それと少し似たものを感じたので、やはり、尾張の小国から「天下布武《てんかふぶ》」を掲《かか》げて全国を統一するというのは、そうとう大変だったのかもしれません。

もちろん、信長には、運がよかった面もあると思います。もし、武田信玄《しんげん》や上杉謙信《うえすぎけんしん》といった人たちが健在であれば、天下は取れなかったかもしれません。ただ、運よく勝ち上がってはきたけれども、やはり、上に上がるほど、だんだん厳しくなってきたところはあるでしょう。

このように、いろいろな原因が考えられますが、新興企業《きぎょう》が大きくなっていく段階でイノベーションしていく姿などを想像すると、やはり、「人材の使い方や、人材の入れ替えに関して問題が起きたりしたのかな」という気はします。

「日本の近代」を拓《ひら》いた軍事的天才・織田信長を招霊《しょうれい》する

大川隆法　いずれにしても、信長は、中世を葬《ほうむ》った人でもありましょうが、近代を拓《ひら》いた人であることは間違いありません。進取の気性《きしょう》に富み、アイデア豊富なところがあるため、現代人も、閉塞感《へいそくかん》でいっぱいになると、いつも信長タイプの人を求めるように思います。

そのように、信長は日本でも珍《めずら》しい軍事的天才の一人ではあるようですので、今だったらどうなるかは分かりませんが、霊言《れいげん》にチャレンジしてみましょう。

今日は、大勢が見ているなかで行うため、証人がたくさんいますし、大勢の人の〝念波《ねんぱ》〟によって磁場ができるので、偽者《にせもの》や紛《まが》い物は少し出てきにくい状態にはなっていると思います。

では、呼んでみます。

（瞑目《めいもく》し、顔の前で両手の人差し指と親指を合わせて三角形をつくる）

それでは、戦国時代最後の覇者にして、室町《むろまち》幕府を終わらせ、近代の幕開けをつくられた織田信長を招霊《しょうれい》したいと思います。

織田信長の霊よ、織田信長の霊よ。

どうか、幸福の科学総合本部に降りたまいて、われらに、そのお考えと、日本に対する指針等を頂ければ幸いであります。

織田信長の霊よ、織田信長の霊よ。

どうか、幸福の科学総合本部に降りたまいて、われらに、その本当の心を明かしたまえ。

織田信長の霊よ。織田信長の霊よ。

どうか、幸福の科学総合本部に降りたまいて、われらに、その本当の姿を明かしたまえ。

（約三十五秒間の沈黙《ちんもく》）

2　織田信長の考える「国防戦略」

今の日本には「時代の変革者」の考えが必要

織田信長　ううーん……。厄介《やっかい》であるなあ。

綾織　こんにちは。織田信長様でいらっしゃいますでしょうか。

織田信長　うーん。こういう不届きな尋問《じんもん》はよろしくない。

綾織　いえいえ。尋問ということではなく、今の日本を考えましたときに、時代を変革する方のお考えを伺《うかが》うのが最もよいと思いまして……。

織田信長　君たちねえ、あまり手前勝手なことを考えるんじゃあないですよ。ええ？　君たちの利益のために、こういうことをやっては相成らんよ。焼き討《う》ちをかけるぞ！

綾織　焼き討ちは勘弁《かんべん》いただきたいと思うのですが、「幸福の科学や幸福実現党のため」ということではなく、日本にとって、信長様の考え方や勇気、行動力に学ぶところが多いのではないかと……。

織田信長　「尊敬しとる」と言いたいのか？

綾織　そうですね。

織田信長　うん？　そういうことか？

綾織　そういうことです。はい。

織田信長　「尊敬しとる」と言いたいのか？

綾織　そういうことです。

織田信長　そうか？

綾織　はい。

織田信長　念押《ねんお》しするぞ。

綾織　はい。

織田信長　うーん。よし（会場笑）。

綾織　「上司にしたい偉人《いじん》」といったアンケートをとりますと、必ず上位に信長様の名前が出てきます。

織田信長　そんなアンケートをとること自体が失礼だ！

綾織　そうでございますか（笑）（会場笑）。

織田信長　そんなもの、やる必要もないことだ！　くだらない！

綾織　失礼しました。信長様は、最もトップとしてふさわしい方だと思います。

織田信長　当たり前！　当たり前のことだろう？

綾織　はい。

「中国の軍事大国化」を見過ごした日本の政治家を叱《しか》る

綾織　信長様は、現代の日本につきましても、いろいろと見ていらっしゃると思いますので、お伺いしていきたいのですけれども、今、最も問題となっているのは国防であり、中国の軍事的な拡張が世界的にも大きな問題になっております。

織田信長　うーん、ふんふん。

綾織　まさに軍事的天才でいらっしゃいます信長様は、これを、どのようにご覧になり、どう戦っていけばよいとお考えでしょうか。

織田信長　そらあ、政治家が駄目《だめ》だ！　もう駄目だ。そらあ、もう駄目だよな。

突如《とつじょ》、軍事大国ができるわけはないだろう？

綾織　はい。

織田信長　そんな（苦笑）……。君、できるわけないじゃないか。

綾織　そうですね。

織田信長　（軍事大国には）十年も二十年も三十年もかかってなるもんだ。そんなのは最初から見えてることじゃないか。見えてるんだから、対策を打たねばいかんだろうが。打たなかったら滅《ほろ》びるわ。それだけのことだ。だから、それは、日本の政治家が対策を怠《おこた》ったんだろう。

「日本を守る」のではなく、「中国を攻《せ》め取る」という発想

綾織　この二十年間、中国はずっと軍拡を続けてきていますので、日本はどこかの時点でそれに気づき、対策を講じなければいけなかったわけです。

ただ、「今の時点からでも、何とか間に合わせる」という意味では、どういう手を打っていくべきなのでしょうか。このあたりから、お伺いできればと思うのですけれども。

織田信長　うーん。「どこから占領《せんりょう》するか」っていうことか？

綾織　まあ、日本として、どう対処して……。

織田信長　あっ！　君らは、占領されることを考えてるのか。俺《おれ》は、てっきり、「どこから攻《せ》め取ればいいか」って訊《き》かれたのかと思った（会場笑）。

綾織　（笑）その考え方でも、よろしいかと思います。どこから攻め取っていくか……。

織田信長「どこを守るか」の話か。なんだ。つまんねえや。家来ぐらいに訊いてくれや。つまんねえ。

綾織　それでは、逆に攻め取るとしたら、どういう……。

織田信長　そらあ、攻め取るのは面白《おもしろ》いだろうよ。

（中国は）「日本を取ったろうか」って言ってるんだろう？　尖閣《せんかく》だか何だか知らんが、無人島を威嚇《いかく》して、オンボロ飛行機を飛ばしたり、オンボロ船をヨタヨタ走らせたりしてるんだろう？

綾織　はい。来ていますね。

織田信長　そんなの、格好の口実じゃないか。国防のためなら、何でもできるわ。なあ？

綾織　はい。では、まずは撃《う》ち落としてから……。

織田信長　まずね、〝人工衛星〟を「北」に向けて打つ練習を、ちょっとしなくてはいかんわなあ。それは、ええんじゃないか。
できるだけ（射程の）長いやつを九州あたりから準備したらええなあ。わしだったら、阿蘇《あそ》の火口あたりから、バーンとぶっ放したいなあ。ええ感じやねえ。

綾織　中国に対しては、どういう攻め方で行きますか。

織田信長　いや、中国も一緒《いっしょ》よ。そらあ、向こうが持ってる本数以上、つくったらええじゃない。それだけだ。

綾織　ロケットをつくって、どんどん打つと？

織田信長　産業も復興するし、地場産業ができてええなあ。いいじゃない？

「桶狭間《おけはざま》の戦い」をモデルにしすぎて負けた日本軍

黒川　信長様の戦略として、「桶狭間《おけはざま》の戦い」は、世界の戦史に遺《のこ》る素晴《すば》らしい奇策《きさく》だったと言われています。

織田信長　それ、あんまり好きじゃないんだ、俺。

黒川　ああ、そうですか。

織田信長　なんや、ちっこいや。

黒川　ええ。ただ、少ない勢力で大軍と戦って勝つ戦略は、まさしく今、中国の脅威《きょうい》が迫《せま》る日本にとって大事ではないかと思われます。

織田信長　基本的に「桶狭間」は、人生に一回しかないから、何回もやっちゃいけないや。あれをやったら、命がいくつあっても足りないからさ。あれは、窮地《きゅうち》を脱《だっ》するための万一《まんいつ》のときのもので、一生に一回しか使えねえ。

　あれをモデルにしすぎたので、先の大戦で日本軍は負けたんだよ。ああいう「小《しょう》よく大《だい》を制す」ばかりを研究しすぎて負けたんであって、やっぱり、基本的には「大が勝つ」のが普通《ふつう》なんだよ。

黒川　はい。

中国が手も足も出せない「秘密兵器」をつくるべきだ

黒川　ただ、今、中国の脅威が迫る日本は、窮地に追い込《こ》まれているわけですが……。

織田信長　それは、秘密兵器をつくるべきだよ。だから、マスコミに全部感づかれるのはいけないよな。知らないうちに秘密兵器を開発しておくべきだよ。「蓋《ふた》を開けたら、もうできている」っていうのがいちばんだな。

綾織　信長様は、戦国時代に、鉄砲《てっぽう》を輸入されると同時に、自分たちでもつくられ、鉄砲隊を三段構えにして「長篠《ながしの》の戦い」を行われました。現代でいうと、それは何に当たるのでしょうか。

織田信長　だから、一瞬《いっしゅん》で北京《ペキン》が蒸発するようなものが出来上がったら、もう、それで終わりだろう。たぶん、手も足も出せないで終わりだよ。

その秘密兵器をつくらなきゃいけないし、それを公表してはならない。文部科学省の宇宙開発予算でも、リニアモーターカー研究予算でも何でもよいが、それで秘密裡《り》にそういう研究をやらねばならないな。そして、蓋を開けたときには、もう完成してるっていう状態だ。それでなきゃいけないな。

綾織　それは、レーザー兵器とか、そういう類《たぐい》のものですか。

織田信長　もう、いくらでもあるじゃん。アイデアは、本当はたくさんあるんじゃないか。

民主主義では「先軍《せんぐん》政治の中国」に勝てない？

織田信長　だけど、もう民主主義は捨てろよ。

綾織　ほ！（笑）（会場笑）

織田信長　国民の意見なんか問うてたら勝てるわけがない。とうてい勝てないよ。中国は民主主義じゃないから、いくらでもやり放題なんじゃない。あんなのは、民主主義だったらできないよ。

「投票」でやらせたら、「まず食料をよこせ！」って言うもの。そうだろう？食料が優先だよな。それなのに、食料を無視して、先軍《せんぐん》政治で軍事優先だろう？それで核《かく》武装する。あんなところに民主主義で勝てるわけがないんじゃないの？

まあ、でも、それはしょうがないよ。国の指導者としては、国の死活がかかってるんだからさ。あれはしょうがないよ。

綾織　民主主義であっても、国防を強化する道はあると思います。

織田信長　うん。そらあ、マスコミを騙《だま》してやるしかない。ほかに方法はないわ。ばれたら、向こうから難癖《なんくせ》つけてくるからさ。

綾織　ただ、民主主義をやめてしまうと、ヒトラーのようになってしまうのではないでしょうか。

織田信長　ヒトラーの何が悪いんだよ。いいじゃない？　負けたのが悪いんだよ。

負けなければよかったんだ。あれで、ソ連とイギリスを打ち砕《くだ》いとったら、大したもんだな。それなら、今のEUなんか要《い》らなかったよ。な？

綾織　ヒトラーは、戦いの上では、限界が来ていたと思うのです。

「兵站《へいたん》を計算できない」というのが習近平《しゅうきんぺい》の弱点

綾織　ところで、中国の総書記である習近平《しゅうきんぺい》氏は、「過去世《かこぜ》がチンギス・ハンではないか」と言われております。この軍事的天才に対して、どのように……。

織田信長　まあ、馬に乗って戦っとったぐらいのレベルだからな。うん。大したことはない。

黒川　習近平氏の最大の弱点は、どこだと見られていますか。

織田信長　うーん。兵站《へいたん》のところを計算できないんじゃないか。

黒川　経済のところが弱点だと？

織田信長　たぶん、計算できないと思うな。

綾織　つまり、長く戦っていくことが難しいわけですか。

織田信長　うん。だから、（習近平は）脅《おど》すのが、すごく好きだな。

綾織　はい、はい。

織田信長　威圧《いあつ》感を与《あた》えて脅すのが、とても好きだよな。でも、だんだん貿易のほうに影響《えいきょう》が出てくるからさ。あれは、力比べだわな。日米を敵に回して、中国が脅しをかけ続けられるかどうか。これは、たぶん、だんだん民間の貿易のほうにしわ寄せが出てくるので、中国はもうすぐ疲弊《ひへい》してくる。

（中国は）金持ちのふりをして、中国の観光客で日本が潤《うるお》うようなことを、民主党なんかには一生懸命《いっしょうけんめい》にＰＲして見せたんだろうけど、裏では、みんな、ものすごく貧しい生活をしとるからな。

「中東の和平」でアメリカの軍事予算は極東に回る

綾織　確かに、「脅し」や「一撃《いちげき》」で勝負をしてくる可能性は高いわけです。ただ、オバマ大統領の二期目を見ると、日本よりアメリカのほうが、若干《じゃっかん》、脅しが効きやすいというか、中国に対して融和《ゆうわ》外交的なトーンが出てきておりまして、その面でも、中国の軍事的行動がかなり早くなってくるのではないかと予想されます。

織田信長　うーん。だから、イランと戦争をしなくていいようにしてやれば、予算がこっちに回ってくるからさ。（日本は）イランを、ちょっと諌《いさ》めたらええよ。アメリカと戦争しないでいいようにしとくわけだ。

「日本が危ないから、ちょっと待ってくれ。イスラエルと仲良《よ》うしなさい。イスラエルと和平交渉《こうしょう》をするように」と言うてな。それで、軍事予算を極東に持ってこなければいかんわ。（アメリカでも）両方はできないんだよ。

「台湾《たいわん》は日本固有の領土だ」と中国に言い返せ

綾織　実際に、今、尖閣問題で軍事衝突《しょうとつ》もありえるような情勢になっておりまして……。

織田信長　中国の側は、「それはありえる」と予想してるが、オバマ政権のほうは、「軍事費用が要るから、あまり好ましくない。できたら、自分が（大統領を）やってる間は、（尖閣で）やってほしくない」ということだから（笑）、安倍《あべ》政権には、ちょっと疎《うと》ましい感じを持っとるようだな。極右の人に見えとるようだからなあ。

綾織　尖閣諸島などの南西諸島《なんせいしょとう》、さらには台湾《たいわん》がいちばんの焦点《しょうてん》になってくるわけですが、中国が電撃的に軍事行動を起こし、いろいろな脅しをかけてきたときに、日本としては、アメリカと共に戦うことになると思います。その際に、これを跳《は》ね返していくためのアイデアはありますでしょうか。

織田信長　まあ、「尖閣は中国のものだ」とか、「琉球《りゅうきゅう》も中国の固有の領土だ」とか言うとるんだろう？

綾織　はい。

織田信長　だから、「台湾は日本固有の領土だ」って言い返したらええがね。

「台湾は日本固有の領土なので、守る義務がある」っていうぐらい言い返したらいいよ。そんなの口だけなんだ。同じだから言ってやりゃいいのよ。

黒川　日本の政治家の発信力が弱いので……。

織田信長　そうだよ。

日清《にっしん》戦争で、日本は正式に中国の領地をだいぶもらったはずだよな。ところが、三国干渉《さんごくかんしょう》を受けて、不当にも返さなければいかんかったんと違《ちが》うのか？　だろう？　あれは不当な圧力だったよな。それが悔《くや》しくて、日露《にちろ》戦争でロシアをやっつけたんだろう？

だから、「日清戦争で敗れたところ（日本に割譲《かつじょう》した領地）は、ちゃんと戻《もど》してほしい」と申し入れすべきだよ。尖閣どころじゃない。向こうの土地について、

「日本固有の領土だから、ちゃんと返せ」と言うべきだ。そのくらいのカウンターを撃たないとね。君ねえ、防衛一方では戦いにならないよ。やっぱり、「戻せ！　戻せ！」と言うべきだよ。

停止している原発は「核《かく》兵器製造工場」に変えたらよい

綾織　そうしたときに、最も問題になるのが中国の核《かく》兵器です。

織田信長　そうだね。

綾織　結局、中国は核兵器で脅してくるわけです。それに対して、「日本は新兵器をつくれ」ということなのですが……。

織田信長　いや、つくるべきですねえ。うーん。

綾織　はい。

織田信長　つくれる。今、停止してる（原子力）発電所がだいぶあるようだから、「活断層があって、もう動かさん」って言うのなら、そこは核兵器製造工場に変えたらええんでないか。人も少ないだろうし、ええんじゃないかなあ。

綾織　やはり、日本も核を持って対抗《たいこう》すると？

織田信長　君ねえ、北朝鮮《きたちょうせん》みたいな、日本から見たら一県の経済力もないようなところが、今、核ミサイルの〝練習〟をしてるんだよ。これ以上コケにされたら、やってられないですわ。これはやってられません。

北朝鮮なんちゅうのは、もともと敵対するような相手じゃありません。中国に落とすついでに、鳥が糞《ふん》を落とすように、ちょっと何か落とすかもしれないぐらいの感じで行かなきゃいかんわなあ。

中国を「情報戦」で調略するための具体的方法

綾織　「中国に攻め込《こ》んでいく」という意味では、今、共産党体制のなかで、「言論の自由」や「信教の自由」の問題で、さまざまな抵抗《ていこう》運動が出てきていますが、この点で、何か仕掛《しか》けをしていくとしたら、どういうことがあるでしょうか。

織田信長　まあ、思想戦は現実にあるわなあ。向こうから見りゃあ、日本には、平和勢力は日本共産党と社民党しかないんだろう？　あとは、「軍国主義者の集まり」ということになってるので、逆に、あちらの洗脳を解かなきゃいけない。

でも、今は、うまいこと、戦いが始まりつつあるように思うな。

君ねえ、年間に十八万件も暴動が起きるような国って、まともでないよ。これはねえ、暴動する人たちにちゃんとしたスポンサーがつけば大きくなりますよ。「陳勝《ちんしょう》・呉広《ごこう》の乱」（中国の秦《しん》末期に陳勝と呉広が起こした農民反乱）が完全に起きますねえ。どこかに資金供与《きょうよ》と武器供与をするルートができれば起きるでしょうね。

だから、これは、やっぱり、いわゆるＣＩＡ的な、公安的な活動を、もう一段大きくしなければいけないんじゃないかね。情報戦で勝ってしまうこともあるからね。「外交の勝利」っていうのは、基本的にはそういうことだからさ。「戦わずして勝つ」っていうのは、そういうことなので、戦う前提条件を崩《くず》してしまうことは大事だわな。つまり、向こうが、なか（国内）で手いっぱいになれば、そうなる。

現実には、日本だって、民主党政権ができる前には、格差是正《ぜせい》の問題で（自民党政権が）引っ繰《く》り返ったわけですから。中国の格差は、日本どころじゃない。もっともっとありますからね。この格差の実態を暴《あば》いて国民に知らしてしまえば、もう収まりがつかないですよ。共産主義の理念なんて、まったくありませんので、なかは絶対に収まらない。

やっぱり、情報戦から攻めるのも一つの手だと思いますねえ。このへんは、日本はそうとう遅《おく》れてる。武器も遅れてるけど、情報戦で調略していく手も、かなり遅れてると思うなあ。

綾織　実際、信長様も、最後のほうの戦いでは、ほとんど調略で戦っていらっしゃいましたので、やはり、そのへんは、日本も強化していかなければならないわけですね。

織田信長　そうね。どうも日本は下手やね。国力が落ちてるように見せるのが、うまくてうまくて（会場笑）、しょうがないよね。

向こうも「張り子の虎《とら》」で大きく見せようと頑張《がんば》ってるんだから、ちょっとはええところを見せないといかんのやないかなあ。

だからねえ、「日本も地下を掘《ほ》ったら、ガスと石油がいっぱい噴《ふ》いてくることが分かった」とか、「日本の未来は、ものすごいエネルギー革命が起きて、ものすごく儲《もう》かる」とかいう嘘《うそ》の発表ぐらいして、その間に、ちゃんと兵器の開発とかをするんだよ。ちょっと、バカ正直で、あんまりよろしゅうないですな。

綾織　実際に、中国を調略戦で落としていく場合に、いろいろなやり方があると思うのですが、やはり……。

織田信長　まあ、自治区から入るルートと、あとは、もちろん台湾・香港《ホンコン》ルート、上海《シャンハイ》あたりのルートね。これは、貿易なんかが盛《さか》んなあたりのルートで、英語圏《けん》が入ってるルートね。こっちからと自治区からと、攻め方は両方あるけど、とにかく、(中国が)外を攻めようと思っても、なかでいろいろな紛争《ふんそう》が起きて、それができないような状態にすることが大事だな。

黒川　具体的には、例えば、自治区の「信教の自由」を支援《しえん》するとか……。

織田信長　うん。まあ、そうだな。独立したいところは、いっぱいあると思うよ。させてやればいいじゃん。

3　日本が「アジアの中心」となるには

自主性がなく、利益があるほうにフラフラする韓国《かんこく》

綾織　韓国《かんこく》では、もうすぐ新しい大統領が就任するわけですが（収録当時）、韓国には、中国、日本、アメリカとの間で揺《ゆ》れているところがあります。

織田信長　いや、昔から、そういう国なんだよ。もう、あきらめたほうがいいわ。

綾織　そうですか。

織田信長　うん。そういう国なんだよ。自主性がないんだよ。だから、いつも、あっちへフラフラ、こっちへフラフラ、自分の利益があるほうにフラフラフラフラしている国なんだ。これは本当に危ない国だね。できたら、こういう国には生まれたくないな。

「台湾《たいわん》型の政治経済」で中国を治めるのが基本的な筋

綾織　最終的に、中国共産党を倒《たお》していくに当たって、「東アジアは、どういう姿になっていくのか」というビジョンも大事だと思います。単に混乱だけが生まれてしまうのであれば、それは、必ずしも善ではなくなるのではないかと思うのです。

そのへんについては、どのようにお考えでしょうか。

織田信長　だから、あれじゃないの？　蔣介石《しょうかいせき》が負けて台湾《たいわん》に逃《に》げ込《こ》んだ、あの歴史の針を逆戻《もど》しして、台湾型の政治経済で中国を治めるように戻していくのが基本的な筋だと思う。共産党革命に負けたのが問題で、それは、やっぱりアメリカの戦略ミスだと私は思うな。「共産主義が広がったら、ソ連と中共《ちゅうきょう》がどうなるか」っていうことが、「日本憎《にく》し」で予想がつかなかったんだろう。

ただ、「日本憎し」のもとには、「日本がものすごく強くて怖《こわ》かった」というのがあったのは事実なので、日本を過大評価していたと思うよ。そのあとに、そういうもの（共産党政府）が出てくるんだったら、彼らが戦い方を変えた可能性は高いと思うなあ。

蔣介石が共産党との戦いに負けて逃げていってからは、中国の大学入試では、抗日《こうにち》戦争の歴史をテキストにして試験問題が出とるからね。みんな、完璧《かんぺき》に洗脳されてるから、やっぱり、その歯車というか、歴史の針を〝逆流〟させないといけない。もし、台湾に行った政権が中国を治めてたら、中国は、とっくの昔に先進国の仲間入りをしていたはずだと思うなあ。そのへんのところを感じるがねえ。

まあ、幸いにして、ロシアのほうも分裂《ぶんれつ》して弱くなってるから、助かったじゃないか。旧ソ連のままだったら、中国が軍事拡張して国を守ろうとすることは、ある程度、理解できないこともない。あそこも近親憎悪《きんしんぞうお》で、ソ連のほうから攻《せ》められる恐《おそ》れはあったからね。でも、今のロシアに、それだけの力はありませんよ。

だから、今は改革するときだわねえ。中華《ちゅうか》思想も結構やけど、「自分らのなかだけで、何とか平和的に安定的に暮らそう」という思想に戻していくのなら、別に諸国は何も言わんと思うよ。

「日本のシンガポール化」を進め、さらなる経済発展を

織田信長　ただ、一八〇〇年代に、ヨーロッパの植民地にされて、いっぱい取ら

れた恨《うら》みが、今、全部、日本に向けられている。ヨーロッパのほうに向いてなくて、日本に全部向いてきてるからね。このへんの、全部、日本に向けられてるやつを清算せにゃいかん。

まあ、基本的に反省ができない国民なんですよ。「自分が悪い」とは絶対に言わず、「人が悪い」と言い続ける国民なんで、自分たちのほうの歴史を、常に正当なもののように書いていく国なんです。

これまで、日本のほうが発展しているのが悔《くや》しかったけど、今、日本を抜《ぬ》いたので、「やっと正当性が出てきた」と、はしゃいでいるところでしょう？　だから、もう一つの戦い方としては、「日本自体を発展させて、また引き離《はな》す」っていうやり方もありえる。人口で経済規模が決まるわけじゃ決してありませんからね。

綾織　その点、信長様は、戦国時代に、楽市楽座《らくいちらくざ》を行ったり、関所を廃止《はいし》したりと、今で言う規制緩和《きせいかんわ》や減税路線をとられていました。

織田信長　そうだね。まあ、「日本のシンガポール化」を進めなきゃいかんでしょうなあ。

綾織　シンガポールのようなかたちが一つありますか。

織田信長　そうそう。そうすると、もっともっと経済的に発展しますねえ。やっぱり、日本を「アジアの中心」に持ってこなければいかんと思いますね。

日本のマスコミに必要なのは「未来志向」の発信

綾織　その部分に関し、時代の革新者として、何か新しいアイデアがありましたら、ぜひ、お伺《うかが》いしたいと思います。

織田信長　いやあ、ほとんど自縄自縛《じじょうじばく》してるんだよ。いわゆる歴史観念でも、歴史教育でも、歴史認識でも、何でもいいんだけども、とにかく後ろ向きでくだらないよ。

あんたら、言うと傷つくかもしれないけど、だいたいマスコミがくだらないよ。「マスコミだけ消費税上げをするな」なんて、ぬけぬけとよう言うわなあ。マスコミは消費税を倍かけないといかんぐらいで、あっ、「ザ・リバティ」（幸福の科学出版刊）は別だぜ（会場笑）。

綾織　（笑）ありがとうございます。

織田信長　「ザ・リバティ」は別やけども、悪いマスコミには倍かけないといけない。ペナルティが必要だからな。国を悪うしたところについては、倍かけなきゃいかんぐらいだ。そのくらい脅《おど》しをかけてやると、ちょっとはおとなしくなるところもあると思うんやけどね。

ただ、やっぱり後ろ向きすぎるわなあ。もうちょっと未来について発言できないといかんと思うね。

とにかくねえ、中国みたいな政府だったら、マスコミが政府を批判することに正当性があるんだよ。どんどん批判しなきゃいけねえんだ。そうすることによってよくなる。

そりゃあ、マスコミは、発祥《はっしょう》のときは、民衆の味方だったろうし、革命を起こす勢力の味方だったと思うんだけども、高度に成熟した時代になると、マスコミのあり方は変わらなきゃいけないと思うな。

つまり、「未来志向」っちゅうかなあ。未来を建設的につくっていくための発信をしなければいかんと思うんだよ。単なる「倒すだけ」みたいなのは間違《まちが》っていると思うな。だから、マスコミにだって、発展段階に差はあるんじゃないかね。

綾織　日本では、国内のことだけが中心的に報道されてしまっているので、やはり視野を広げて、「世界をどう導いていくか」といった視点が必要だと思います。

織田信長　うん。そうそうそうそう。それと、世界に対して、言うことが何もないんだろう？

綾織　はい。

織田信長　はっきり言うて、ないんじゃない？　ほぼ、ないんじゃない？　何にも言うことがないんだよ。基本的に哲学《てつがく》がないんだな。このへんは悲しいね。

4 「新生・自民党」に苦言を呈《てい》す

日本主導でアジア・オセアニア圏《けん》での経済交流を活発に

綾織　日本が、中国に対して経済的に逆転するためには、日本国内のことだけではなく、世界の経済を引っ張っていくような構想が必要になってくると思います。この点については、信長様の構想力からいくと、どうなるでしょうか。

織田信長　だからさあ、ＥＵ（欧州《おうしゅう》連合）ができたけど、あれは、もともと、日本一国と対抗《たいこう》するためにできたんだよ。

つまり、アメリカ、ＥＵ、日本の三極体制だったわけやね。

ただ、ＥＵは、もう大したことありませんけどね。貧乏《びんぼう》国ばかり集まってるから、どうしようもない。あれは、ほとんど助け合いの労働組合だな。共済組合かなんか知らんけど、そんなもんになってるから、大したことはありません。

確かに、今、アジア圏《けん》・オセアニア圏での経済交流を活発にして、もう一段、大きな経済圏をつくるべきだ。それを中国主導でやるか、アメリカ主導でやるか、日本主導でやるか。このへんのイニシアチブのとり方が、今、問題になってるんじゃないの？

関税がかからない「ＴＰＰ」は日本にとって有利に働く

黒川　しかし、今、自民党は、ＴＰＰ（環《かん》太平洋戦略的経済連携《れんけい》協定）に対して慎重《しんちょう》な姿勢を示しています（注。ただし、今年二月の日米首脳会談あたりから、自民党の態度もＴＰＰ交渉《こうしょう》入り容認に変わってきており、安倍《あべ》総理は三月十五日、

TPP交渉への参加を表明した）。

織田信長　あ、これは駄目《だめ》だわ。もう全然分かっとらん。中国や韓国《かんこく》と一緒《いっしょ》で、自国で個別に（貿易協定を）やろうとしてるんだろう？　これは完全に駄目やね。

農村議員を入れなければ（選挙に）勝てないようでは、やっぱり駄目だね。このバラマキが要するに旧態依然《きゅうたいいぜん》たる自民党体質で、それが、いったん捨てられた理由なのに、また、それを復活しようとしている。新生・自民党としては、そこは変えなければ駄目だねえ。

つまり、基本的に、自由貿易に戻《もど》さなきゃいけない。

自由貿易には基本的に均衡点《きんこう》があるから、ちょうど（損益が）釣《つ》り合うところに落ち着くんだよ。だから、日本だけが損するなんてことはありえない。

こちらから輸出するものもあるんだから、輸出するときに、向こうの関税がかからないのは非常に有利ですよ。特に、日本みたいに加工して輸出する国の場合、輸入のときにも輸出のときにも（関税が）かからないのは非常にいいことだと思いますがね。

黒川　ただ、日本においては、自由貿易を進めた場合、マクロで見るとプラスになることは分かっているのですが、個別では、例えば、「農家が潰《つぶ》れるのではないか」といった根強い反発が見られます。

織田信長　アメリカの農家なんか、もうすでに、いっぱい潰したじゃない。ねえ？　こんなものがなくても、とっくに潰してるからさあ。

例えば、トウモロコシが、エタノールになって、石油の代わりに燃料になったりしてたんじゃないの？

「テロは二度と起こさせない」という断固たる決意を

綾織　自民党の古い体質ということで言えば、経済面だけではなく、国防面でも、まだ残っていて、保守的と言われている安倍首相でさえ、それを引きずっていると思います。例えば、先般《せんぱん》のアルジェリアでのテロ事件に際して、「人命第一」と言っていました。ただ、そうなりますと、「相手の言うことは全部ききますよ」ということになってしまいます。

織田信長　それはマスコミ対策だろうね。日本人が一人でも死んだら、すぐに支持率が下がるんだろう？　そういう国だわな。誰《だれ》か人質《ひとじち》が死んだら、「政府の責任だ」と言って攻《せ》めてくるからさ。これは、やっぱり、もう一つ大きな基準を出さなきゃいけないと思うんだよな。

国際的なテロを許容するかどうか。地球的正義か？　なんか知らんがさ。そういう世界的に見ての善悪だ。

つまり、テロを増長する方向で判断するのか。もう、そういうものを起こさせない方向で判断するのか。これは大きな基準だよ。

これを守れなきゃ、世界の一流国としては情けない話だよなあ。

テロに遭《あ》って人質になった諸君は、まことに気の毒ではあるけれども、「このようなテロ行為《こうい》は絶対に二度と起こさせない」という断固たる決意の下《もと》に、「許さない！」「国際的に共同して対応したい！」という方向で行かなきゃいけない。

捕《つか》まった社員の方々には気の毒やけど、人が死ぬときは、いろんなかたちで死ぬのよ。落盤《らくばん》事故で死ぬこともあれば、トンネルの天井《てんじょう》が落ちて死ぬことだってあるわけだからさ。それだって、テロで死ぬ人数と比べて、少ないとは言えないよ。うーん。

あるいは、大雪が降って死ぬ人だっているわけよ。地震《じしん》で死ぬ人も、津波《つなみ》で死ぬ人もいるのよ。それは、事故としては起きるんだけど、そのときに大事なことは、そういうものが再発しないように、徹底的《てってい》にやることだ。

例えば、トンネルの天井が落ちたら、キチッと修復するのが大事でしょう？新しく、ちゃんとトンネルの補強工事をしなきゃいけない。

同じように、テロ行為があったからと言って、「海外のアフリカなどのプラントをやってたら襲《おそ》われるから、もう全部退《ひ》いてしまう」というようなことであってはいけない。

「そんなことをやったやつは絶対に許さない」と、もう全滅《ぜんめつ》するところまで徹底して掃討《そうとう》する覚悟《かくご》でやっとかないと、次に、アラビア湾《わん》のほうで石油の輸送船とかが海賊《かいぞく》船に襲われたりすることもある。その他、いっぱいあるけど、どれも一緒だからね。

だから、「人命優先」と言ってもいいけど、全部お手上げ状態で、すぐ強盗《ごうとう》に手を上げて身代金《みのしろきん》交渉をし、〝寛大《かんだい》〟になって、「金を出すから許してくれ」みたいなことばかりやってたら、世界からの信用は失いますよ。

「一国平和主義を超《こ》える哲学《てつがく》」を打ち立てることが急務

綾織　このあたりについて、有権者の方には、「自民党の言っていること」と「幸福実現党の言っていること」の違《ちが》いが分かりにくいようです。実際には大きな違いがあるのですが、どのように差別化していけばよいでしょうか。

幸福実現党の活動を天上界《てんじょうかい》から見ておられるかと思うのですが、何か、アドバイスを頂ければと思います。

織田信長　この国には、「一国平和主義」以上の哲学《てつがく》がないんだよ。一国平和主義で、「この国だけが安全だったらいい」っていうのなら、もう海外に対して鎖国《さこく》すりゃいいわけでしょう？

だから、江戸《えど》時代の、あの家康《いえやす》の間違えた鎖国政策？　あんなやつに天下を取らしたせいで、日本は二百年も遅《おく》れよったから、もう本当に悔《くや》しい。あんな狸《たぬき》おやじなんか、早《はよ》う死にゃあよかったんだよ。さっさとな。「長生きしたために、天下が転げ込《こ》んでくる」なんていうことがあったために、鎖国して、三百年も遅れたんだよ。

あのときに、わしの近代化政策でガーッとやってたら、もうヨーロッパなんか、とっくに追いついて、やってたんだよなあ。惜《お》しい。本当に惜しかったなあ。

やはり、この一国平和主義を超《こ》える哲学を打ち立てなきゃ駄目だ。それは、あんたがた、思想をつくり、それを弘《ひろ》める人間の仕事だよ。な？

日本の神々は今、国民の自覚を促《うなが》している

黒川　もし、信長様が、今、日本の総理大臣になられたら、どのような手を打たれますでしょうか。

織田信長　こんな総理大臣、何もでけんでないの！　日本の総理大臣なんて、全然、面白《おもしろ》くないなあ。うーん。

黒川　やはり、憲法を変えるなど、トップダウンで改革されるのでしょうか。

織田信長　この国はちょっとひどいなあ。もう……。
いや、逆の手もあるよ。習近平《しゅうきんぺい》が「日本を攻めたい」って言うのなら、一回、

攻めてもろうてもええと思う。つまり、憲法廃止《はいし》だけしてもらって、そのあとで追い返し、（憲法を）つくり直してもええとは思うんだけどね。

まあ、ＧＨＱに〝強姦《ごうかん》〟されたままで、できた国やから、これには、ちょっと許しがたいものはあるねえ。

やっぱり、日本の神々が怒《いか》っとるのは、私には分かるよ。「国として、ちゃんと立ち直れ！」と言ってるんだろう？（国民が）これを聞かないから怒《おこ》ってる。かなり怒ってる。日本の神様は、みんな、かなり怒ってる。「もう、ええかげんにしろ！」「いったい、何十年やったら気が済むんだ！」ということやね。

もう、そろそろ立ち直らないと許さない段階に来てると思うなあ。内憂外患《ないゆうがいかん》はいろいろ起きると思うけれども、やっぱり、（日本の神々は）今、国民の自覚を促《うなが》してると思うな。うーん、そう思う。

「未来の党」も「維新《いしん》の会」も、夏までに〝溶《と》けて〟しまう？

織田信長　ただ、ふがいない政府が続くことで、「ほとほと飽《あ》きてくる」というか、「あきれてくる」というのも一つだよ。

民主党がやって、「もう結構」でしょう？　それで、自民党に戻したら、どうか。「ちょっとましになるかと思ったけど、やっぱり同じだったか。アイスクリームみたいに溶《と》けてしもうたか」ということになったら、いよいよ君らの出番だよ。

未来の党だろうが、維新《いしん》の会だろうが、みんな、夏までに〝溶けて〟しまうからさ。こんなところは全部なくなるからね。

安倍さん（総理）も、大川総裁が〝教科書〟を書いてくれてないことについては、何も発言できないからさ。今回のテロ事件みたいなやつだって、〝教科書〟

がなかったんだよな？

綾織　はい。

織田信長　何を言ったらいいか分からなかったので、タイから発信できなかった。それで、福田《ふくだ》さんみたいなことを言うたんやろう？（注。福田赳夫《たけお》元総理は、一九七七年に起きた「ダッカ日航機ハイジャック事件」の際、「人の命は地球より重い」というように発言して犯人側の人質解放の条件を受け入れたため、「テロリストの脅迫《きょうはく》に屈《くっ》した」と国際的な批判を浴びることとなった）

まあ、このへんから支持率が下がってき始めるよな。この夏、（参院選で）三分の二（の議席）を取ろうとするのが、取れなくなってくると思うけどなあ。

まあ、（幸福実現党に）チャンスは来るよ。

5　幸福実現党は「出番」に備えよ

国民も「一貫《いっかん》して正しかった政党」が分かってくる

綾織　もし、今の時点で幸福実現党を率いる立場に立たれたら、どういう戦い方をされますか。

織田信長　そうだねえ……。

とにかくマスコミは嫌《いや》がらせしてさあ、幸福実現党に（票が）行かないように、ほかのところを一生懸命《いっしょうけんめい》持ち上げようとして、せり上げてるんでしょう？

民主党を上げてみて駄目《だめ》だったら、維新《いしん》の会を上げてみようとしたり、未来の党を上げようとしたり、もう一回、自民党に戻《もど》してみたり、もう、あの手この手をやってるけど、万策尽《ばんさくつ》きてくるよ。

あと残ってるのは、みんなの党と社民党と共産党ぐらいになるのか。次は、みんなの党を持ち上げてもいいけど、何《なん》もできやせんわねえ。たぶん何《なん》もできない。それは分かってるから、最後は消去法じゃないけど、「ずっと一貫《いっかん》して正しかったのはどこか」っていうのは、さすがに分かってくるんじゃないかなあ。あんまり国民をバカにしちゃいけないと思うよ。

アベノミクスを正しく言うと「幸福の科学ミクス」

織田信長　安倍《あべ》さんは、今、「アベノミクス」とか偉《えら》そうに言うて、喜んでるんでしょう？　それで、外国から不思議がられてるんだろう？　ねえ？

六年前には、経済政策が何にも分からんかったのに、突如《とつじょ》、アベノミクスができて、「どうしたんだろう？」「何が起きたんだ？」と、外国はびっくりしてるんだろう？

これは正しく言わなきゃね。「幸福の科学ミクス」と言ってもらわないといけないわな（会場笑）。

綾織　（笑）そのとおりです。

織田信長　外国は知らないだけで、「なんで、突如、この人は経済が分かるようになったんだろう」と思って、びっくりしてるけど、まあ、いずれ分かってはくるわなあ。そんなに遠くないよ。そんなに遠くない。

人々を間違《まちが》った方向に指導するマスコミに起きる「因果応報《いんがおうほう》」

織田信長　それに、抵抗《ていこう》勢力としてマスコミが頑張《がんば》り続けることは、マスコミの〝廃刊《はいかん》〟が相次いでくることを意味すると思う。

つまり、次には、中国で起きてくることの逆が起きるわねえ。

中国では、今、政府に抵抗することで、マスコミが、やっとマスコミらしくなろうとしてるところやけども、逆に、日本のマスコミは、「こんなことを言って、それで、『消費税をまけろ』とか、『軽減税率をかけろ』とか言ってるのか。公益性なんかないじゃないか」ということで、今度はバッシングを受けるようになってくるし、ほかのツールがいっぱいできてきつつあるから、やっぱり先は苦しいわな。

嘘《うそ》を言ったり騙《だま》したりして、人々を間違《まちが》った方向に指導してるんやったら、そらあ、それなりの「因果応報《いんがおうほう》」が必ず起きるからね。

その意味で、あんたがたは正論を貫《つらぬ》き通すことが大事だと思うよ。

今は不利でも、風向きが変わることはしょっちゅうあることなのでね。まあ、しょうがない。今、消去法で順番にやってるんだろうから、あらゆる可能性を試《ため》して、最後に回ってくるんだろう。

だから、それまでに戦力を整えることが大事だと思うな。まだ練習も知識も要《い》ると思うよ。

「哲学《てつがく》」のない橋下徹《はしもととおる》氏は、もうすぐ立ち枯《が》れる?

織田信長　まあ、「私が」と言ったら、ちょっと〝あれ〟ですけど、私が出てやるべきやつのまねみたいなのを、大阪《おおさか》の橋下《はしもと》が、ちょっとやってみせたんだろうと思うんだよな。あれは、独裁者のまねを、ちょっとしたんだよ。だけど、基本的には哲学《てつがく》がないから、すぐ飽《あ》きられると思うな。

去年は、独裁者風にちょっと頑張ってみせて、ええところを見せたんやろうけど、基本的に哲学がないわ。だから、もうすぐ立ち枯《が》れると思う。うん。振《ふ》ったって振ったって、出てくるもんが何もない。大阪都《と》をつくってから、あと、何も出てこないと思うなあ。

宇宙・軍事・航空系における「アメリカの壁《かべ》」を打ち破れ

黒川　今後の国家ビジョン、未来ビジョンについて、お伺《うかが》いします。

先見力の高い信長様からご覧になったとき、日本がこれから世界をリードしていく国家になるためには、未来産業として、どのようなものが必要でしょうか。アイデアを頂ければと思います。

織田信長　とにかく、アメリカから頭を押《お》さえられてるところを、うまいことやって破らなきゃいけない。これは、人間としての技量の問題だな。宇宙・軍事・航空系は、全部、アメリカに押さえられてるでしょう？　これは、やっぱり、技量の問題だよ。

今、ボーイングだか何だか知らんがさあ、故障をいっぱい起こしてる〝あれ〟は、先の第二次大戦で、日本にさんざん爆弾《ばくだん》を落とした会社じゃないか。まだ存続してること自体、許しがたい会社だよな。

ANA《アナ》だか何だか知らんが、そんなところに、あんなオンボロ飛行機をいっぱい売りつけて、それで故障を起こしてるんだから、ボーイングなんか、とっくに潰《つぶ》れてなきゃいけないんだよ。なあ？

だから、ぶっ潰れたらいいんだよ。そうしたら、国産でもやらざるをえないからさ。

「いや、こんなに危ないので、国産でやらしていただきます」というような感じで、どんどん破っていかないとね。これは交渉力《こうしょうりょく》だよな。「こんなのを『使え』って言うのか。アメリカ人だけが乗ってくれ。日本人は怖《こわ》くて乗れんわ」と、まあ、そういうことや。

「宇宙開発」で中国の後塵《こうじん》を拝するのは許せない

綾織　ボーイング787には日本の技術がかなり入っていて、ほとんど日本製とも言えるので、もう、自分たちでつくればいいわけですね。

織田信長　そうか。うんうん。だから、潰れるわね。

だけど、アメリカは大事なところだけ握《にぎ》ってると思うんだよな。だから、日本は宇宙関係がすごく遅《おく》れてる。日本の宇宙飛行士が、アメリカやロシアの宇宙船に乗せてもらったりしてるのは恥《は》ずかしいわ。猿《さる》じゃあるまいし。もう、自分らでやるべきだし、やれると思うよ。予算があって、ちゃんと国家として取り組む気持ちがありゃ、やれるわなあ。

やっぱり、宇宙の分野で、世界の順位をちゃんと守らないといかんと思うな。中国の後塵《こうじん》を拝するなんていうのは、絶対に許せない！

綾織　はい、ありがとうございます。

6　もしも「織田幕府」が開かれていたら

「明治維新《いしん》」が二百五十年ぐらい早く起きたはず

綾織　現代の政治について、もっとお聴《き》きしたいところですが、一方、信長様が活躍《かつやく》された時代には、いろいろな謎《なぞ》が残っておりまして、「歴史のイフ」というものが言われています。

例えば、先ほどもお話がありましたけれども、もし、織田政権による幕府が開かれていたら、どういう時代ができたのか、その当時、考えていらっしゃったところを詳《くわ》しく教えていただけないでしょうか。

織田信長　天下統一前だったからなあ。まあ、しょうがないが、わしが天下統一したあとは、どうなったか。これは、「秀吉《ひでよし》や家康《いえやす》と、どう違《ちが》ったか」という問題だろうとは思うけれども、やっぱり、アジア圏《けん》までは手を伸《の》ばしただろうね。基本的には、アジア圏まで手は伸ばしたと思うなあ。

秀吉のように明《みん》を攻《せ》めたか、交易したかは、ちょっと分からんけれども、東南アジア、その他にまで勢力圏を広げたのは、ほぼ間違いないし、たぶんヨーロッパとも通商はしたと思うな。

いわゆる鎖国《さこく》状態で、長崎《ながさき》の出島《でじま》だけで貿易するみたいなことはなかったと思う。これはやったと思う。

そうすると、キリスト教文明との交流は起きたと思うので、そういう意味での近代化はかなり進んだと思うね。たぶん、明治維新《いしん》が二百五十年ぐらい早く起きてるわ。うん。

日本が「アメリカ大陸」に植民地をつくった可能性もある

綾織　世界的には、その後、イギリス等のヨーロッパが発展していったわけですが、そうなると、日本とヨーロッパの両方が発展していく未来になっていたのでしょうか。あるいは、アメリカと同時に発展していく感じになっていたのでしょうか。

織田信長　アメリカなんて後進国じゃないか。ハッ。たかが……。私の時代に、アメリカなんて、そんなもんはないだろう?

綾織　はい、そうですね。

織田信長　まだ、「このあと、イギリスから人が移っていこうか」っていうぐらいの国だろう？　だから、まず、まったく逆回転が起きるだろうなあ。
それから、大航海時代じゃないけど、習近平《しゅうきんぺい》〝先生〟のお好きな「海洋戦略」は、たぶん私がやってるよ。船をどんどんつくって、太平洋を渡《わた》り、いろんな国に行く。これをやってると思うなあ。

綾織　当時は、スペインやポルトガルの時代でしたが、それらの国々に並ぶような状態になったわけでしょうか。

織田信長　そうそうそうそう。日本も、アメリカ（大陸）に植民地をつくった可能性はあるなあ。うんうん。そういう感じになるねえ。
そうなると、サンフランシスコやロサンゼルスは、今、たぶん日本語をしゃべっとることになるねえ。ハワイは、当然、日本の中継基地《ちゅうけいきち》になっとる。うん。そういうことになるねえ。

歴史が、ちょっと逆回転してしまって、まことに残念だ。

「誰《だれ》が天下統一するか」は予定されたものではなかった

綾織　今でこそ、「戦国時代は、織田信長、豊臣《とよとみ》秀吉、徳川《とくがわ》家康の三人がリレーするようなかたちで、歴史をつくった」と言われていますが。

織田信長　うーん……。これは、だんだん落ちていってるんだよ（会場笑）。上がっていってるんじゃない。落ちていってるんだ。

綾織　（笑）そうですか。

織田信長　うんうん。

綾織　これは、予定されていたものですか。それとも……。

織田信長　全然関係ないんだよ。

綾織　あ、違うんですか。

織田信長　もう、関係ないの。本当ねえ、将棋《しょうぎ》みたいなもんだよ。指《さ》してるうちに、取ったり取られたりする。戦国時代はそんなものなんで、別に、「予定されてる」というほどのものではない。

神様のことは、私は、よう知らんけど、あれは〝ゲーム〟が好きなんじゃないかな。

つまり、いろんな駒《こま》をパッと撒《ま》いて、戦わせて、「強い者《もん》が残れ」みたいな感じと違うかなあ。

だから、候補者はほかにもいたと思うよ。だけど、実際にやってみたらどうなるかは、やっぱり、分からんもんな。

武田《たけだ》が天下を取る可能性もあったし、上杉《うえすぎ》が取ることも、毛利《もうり》が取ることも、今川《いまがわ》が取ることだって、確率的にはあったわなあ。

今川は、京都に近かったしね。うちが負けてれば、今川が京都に上《のぼ》ったのは間違いない。お公家《くげ》文化だから、けっこう京都と足利《あしかが》政権の立て直しをして、今川が幕府を開いた可能性はあるな。そういう可能性だって、ないわけではない。

でも、また倒《たお》された可能性もある。今川が上がったら、武田が「許さん！」となって、そういうことが起きた可能性はあると思うなあ。
だから、そんなに確定したものではなかったと思う。
徳川家康《とくがわいえやす》は時代を遅《おく》らせただけだったのか
織田信長　いずれにせよ、あの狸《たぬき》おやじが、三百年、時代を遅《おく》らしたんだ。だから、君らは、（家康《いえやす》を）尊敬したら駄目《だめ》だよ。
綾織　（苦笑）いえ、平和な時代が来たので、「必ずしも、そうではない」とも言えますよね。
織田信長　中江藤樹《なかえとうじゅ》も、当時、出てるんだろう？「中江藤樹の霊言《れいげん》」もあったようだけど（『日本陽明学《ようめいがく》の祖　中江藤樹の霊言』〔幸福の科学出版刊〕参照）、あの日本の陽明学の祖が、徳川の初めに出たんだろう？　あのときに、〝明治維新〟が起きてたら、どうなんだ？　君、全然違うじゃないか。二百五十年、損したんや。うん。あそこで、〝明治維新〟を起こしたらよかったんじゃない？　それでよかったんだよ。

綾織　そうですね……（笑）。

明治維新については、時代的なタイミングがあったと思いますし、いろいろな神様のご意図もあったと思います。

織田信長　うーん。

7　信長の「死後の行方《ゆくえ》」を探《さぐ》る

一向宗《いっこうしゅう》や比叡山《ひえいざん》を弾圧《だんあつ》した理由

綾織　神様ということで言いますと、信長様には、宗教勢力、特に仏教に対して、一部、厳しいところもありましたが。

織田信長　私は、日本の、ローカルな、へんてこりんな宗教については嫌《きら》いだけども、国際的な宗教に対しては、ちゃんと開《ひら》けた目を持っているからね。

まあ、「宗教は全部駄目《だめ》だ」とは思ってないけど、あの一向一揆《いっこういっき》（一向宗《いっこうしゅう》）は、「『南無阿弥陀仏《なむあみだぶつ》』と言ったら、戦って死んでも天国に行ける」という、今のイスラム教みたいな宗教だよな。あんなのは、「潰《つぶ》しといてよかった」と本当に思ってるし、比叡山《ひえいざん》だって、あんたらも、ちゃんと認めてくれたじゃないの？　何百年かのちに、「比叡山は堕落《だらく》しとる」って認めてくれたじゃない？（『不成仏《ふじょうぶつ》の原理』〔幸福の科学出版刊〕等参照）そのとおりなんや。私も、そう思っとったんや。「あれは絶対堕落しとる」と思った。

綾織　ただ、焼き討《う》ちにするのがいいかどうかには、別途《べっと》、議論の余地があるとは思いますが……。

織田信長　焼くのがいちばんや！「極楽《ごくらく》だと思うとったところが地獄《じごく》だった」っていうことを、彼らに知らしてやる必要があったんだよ。やっぱり、あんな伽藍《がらん》は全部燃やしてしまうのが、いちばんや。あの坊《ぼう》さんたちは、とっくの昔に堕落し切っとったよ。わしらの時代には、もう堕落してねえ。京都が近いもんだから、坊さんが堕落して、あれはいかんわ。

死後、「火炎地獄《かえんじごく》」に堕《お》ちたのか

綾織　そうした宗教に対する厳しさも原因だとは思うのですが、以前の霊査《れいさ》で、信長様は天国に還《かえ》られなかったというような話もありました。

織田信長　いや、それはねえ、天国に還らなかったのは、比叡山の坊さんのほうなんや。わしではない。比叡山の坊さんが、火炎地獄《かえんじごく》で苦しんどったんや。信長の〝聖なる火〟に焼かれて、比叡山のくそ坊主《ぼうず》が、みんな火炎地獄でウンウン言って、暴《あば》れとったんや。

綾織　信長様の場合も、「火炎地獄に堕《お》ちた可能性がある」というような話だったのですが……。

織田信長　そんなの、ありえるわけないでしょう。私は、大エル・カンターレの大弟子《だいでし》みたいな感じで活躍《かつやく》したわけやからさあ。近代をつくる寸前のところで、惜《お》しくも惜しくも、テープを切れなかった男なんだから。

綾織　あるいは、「その『惜しくも……』という無念の思いによって、天国に上がれなかった」ということはないでしょうか。

織田信長　いや、そんなことはない。それじゃあ、君、吉田松陰《よしだしょういん》は、無念の思いで地獄に堕ちとるのか。

綾織　いえ、まあ、あのー……。

織田信長　イエス・キリストは、無念の思いで、地下深く苦しんでおるのか。

綾織　イエス様の場合には、予言どおりの部分もあったかと思います。

織田信長　十字架《じゅうじか》に架かって殺されたりしたら、あんた、地下でうめかないといかんのじゃないか。ん？

生前、自らを「神の分身」「時代精神」と思っていた

織田信長　わしには、そういうもの（キリスト教）も許容したところがある。そ

の思想の斬新《ざんしん》さというか、近代性というか、そういうものは大事だなとは思うてるんや。

キリスト教に帝国《ていこく》主義的なところがあるのは、よう知ってたけども、その宗教と軍事が一体になって植民地をつくっていくのを、逆利用してやろうと考えてはおったんや。

「この宗教をうまいこと使えば、向こうの進んだところの文明を吸収するだけ吸収して、逆利用できるんじゃないか」と、そこまで頭は回っとったのさ。

君らの頭とは、ちょっと出来が違《ちが》うんだよ、出来が。

君たちは天才と会ったことがないんだ、天才と。ええ？

綾織　そうですね。

ところで、信長様は、実際にキリスト教の信仰《しんこう》を持っていらっしゃったわけですか。


織田信長　いや、大して持ってないけど、いちおう派手だからね。

君らが、ちょんまげを切って、背広とネクタイに替《か》えたようなもんだよ。うん。

そんなもんだよ。中国が、人民服をやめて、背広とネクタイに替えたようなもんだよな。

だから、あのとき、キリシタン、バテレンをやってたら、やっぱり明治維新《いしん》は近かったよ。

綾織　実際に、信長様の「神仏に対しての信仰心」というのは、どういったレベルのものなのでしょうか。

織田信長　そらあ、もちろん、「偉大《いだい》なる神は、わしだ」と思うとったけどねえ。

綾織　ああ、そういう感じなんですね。

織田信長　わしは、「神の分身や」とは思うとったし、「時代精神や」と思うとったよ。うん。

魂《たましい》の分身が「フランス革命」を起こす〝自由の息吹《いぶき》〟になった

黒川　帰天《きてん》されてからは、どういったことをなされていたのでしょうか。

織田信長　「帰天してから、どうしたか」ってか？

わしはなあ、帰天したあと、「フランス革命」も起こしたんや。

綾織　ほう。

織田信長　うん。知らんかったか？　幸福の科学は遅《おく》れとるのう。「フランス革命」を起こした、「フランス革命」を。

綾織　あの時代に生まれていらっしゃったわけですか。

織田信長　フランス革命を起こしたのよ。うーん。

黒川　それは、「革命を応援《おうえん》・支援していた」ということですか。それとも、地上に生まれていらっしゃった？

織田信長　ほら、びっくりしとるわあ。ハハハ……（会場笑）。うーん、何だか遅れとるのう。「フランス革命」を起こす〝自由の息吹《いぶき》〟になったんだ。

綾織　それは、「あの世から影響《えいきょう》を与《あた》えていた」ということでしょうか。

織田信長　まあ、「分身」がちょっと活躍したかもしらんのう。

綾織　魂《たましい》の分身ですか。いろいろな方がいらっしゃると思いますが……。

織田信長　うん、うん。まあ、「いろんな方がいらっしゃる」わのう。

綾織　（笑）はい。名前が遺《のこ》っている方はいらっしゃいますか。

織田信長　まあ、そうだろうのう。だけど、君らは、きっと、悪いイメージを持っとるから、言わんよ。

綾織　首を斬《き》った人がいますけれども……。

織田信長　いやあ！　そういう下品な話はやめようや。ねえ、汚《きたな》いじゃないか。やめようや。

綾織　ギロチンを使った方でしょうか。

織田信長　いや。そんなちっこい話、するんじゃないよ。まあ、そのへんの人を、今後、呼び出すこともあろうから、「また会ったね」と出てくる可能性があるかもしれないなあ。

綾織　そうですか。

黒川　では、現実に革命を主導してこられたわけでしょうか。

織田信長　やっぱり、「大才」って、そんなにいないんだよ。世界史的に見ても、天才は数が限られてるからな。もう、片手で数えられるぐらいしか、天才はいないんだよ。

中国時代の過去世《かこぜ》は、やはり「項羽《こうう》」なのか

綾織　以前の霊査では、「中国に『項羽《こうう》』として生まれていたことがある」という話もあるのですが、このあたりは間違いないでしょうか。

織田信長　項羽は、ちょっと、負け方がよくないんじゃないか？　最後の負け方がなあ。あれ……。

綾織　確かに、信長様と似ているところがあると思いますが。

織田信長　そうかなあ。あんな負け方は、ちょっと気に食わんなあ。うーん。まあ、わしに関係があるとしたら、よっぽど出来の悪い〝弟分〟だろうね。

綾織　部下が離反《りはん》したり、相手方に行ってしまったりしたところなどは似ているように思います。

織田信長　君ねえ、そんなことはねえ……。まあ、「俺《おれ》が強すぎた」っていうことはあるかもしらん。それで、ついてこれないことがあるんだよ。

ここでも、大川隆法総裁は、きっと、日々、感じておることだと思うんだよ。「弟子がついてこられない」という足の遅《おそ》さに対して、もう、腹が立って腹が立ってしょうがないだろう。

俺だったら、みんなクビを切ってしまうところを、宗教家だから、「クビを切っちゃいかん」って我慢《がまん》してるんじゃないかと思うんだよ。だから、そのへんには、やっぱり、「進みすぎたる者の苦しみ」というものがあるわな。

8　現代に生まれ変わっているのか

秀吉《ひでよし》・家康《いえやす》などは「手下の手下」レベルの連中？

綾織　もし、分かれば教えていただきたいのですが……。

織田信長　うん。

綾織　戦国時代の三傑《さんけつ》である信長、秀吉《ひでよし》、家康《いえやす》……。

織田信長　あとの二人は駄目《だめ》だって言ってるじゃないか。

綾織　はい。そうかもしれませんが、もし、転生等《てんしょう》について何かご存じであれば、お教えください。

織田信長　あんな小童《こわっぱ》、どうでもええんだよ。「俺《おれ》の手下」と、「その手下の手下」みたいな連中だろう？　だから、どうでもいいんだよ。

織田政権が続きゃあ、本来なら、〝要《い》らなかった者〟たちであるのでな。たまたまなのよ。大して変わりゃあしねえのよ。まあ、「君らレベル」よ。しょせん、そのレベルなのよ。

綾織　どういうレベルか、よく分からないのですが。

織田信長　「君らレベル」というのは、運のよかったのが、たまたまコロッと入ってきたのよ。そんなもので、大したことないよ。な？

信長の現代への転生《てんしょう》は「二十一世紀最大の秘密」

綾織　また、以前、「元自民党の某《ぼう》政治家として生まれている」という話もあったのですが、このあたりのものは少し違《ちが》うのではないかという感じがします。

織田信長　まあ、そうだねえ。あのレベルで終わったら不本意すぎるな。だから、それは、わしの雑兵《ぞうひょう》か何かだろう。たぶんな。

綾織　あなたの当時の部下のなかにいらっしゃった？

織田信長　わしの軍にいた雑兵が、織田の旗を持って歩いとったんじゃないかな。たぶん、そんなやつじゃないか。

綾織　もしかしたら、「今の時点で、この世にいらっしゃるのではないか」とも想像されるのですが……。

織田信長　いやあ、それは、「二十一世紀最大の秘密」やから、言うたらいかんのや。

綾織　そうですか。ほう。

織田信長　そらあ、最大の秘密やからさあ。

黒川　もし、今、生まれているとしたら、やはり政治家なのでしょうか。

織田信長　いやあ、分からんなあ。それは言えん。

黒川　企業家《きぎょうか》でしょうか。

織田信長　これは、「日本の秘密兵器」やから、それを明かすわけにはいかんわな。事を成す前に暗殺されたらどうするんだよ。だから、そのときが来るまでは、深く秘さねばならん。深く、静かに、秘さないとな。

もし、北朝鮮《きたちょうせん》から誘拐《ゆうかい》に来たらどうするんだ！　え？　そういうことも、ないわけじゃないからさ。

なぜか「現代のこと」に精通しつつある信長

綾織　そうなりますと、先ほどおっしゃったように、「日本に生まれ、世界レベルの発展を実現する」という志を持っておられるわけですね？

織田信長　うん、まあ、そういうことになるかもしらんな。今の君らの無念を、一人で晴らしてやろうと思うとるところじゃ。うん、うん。

黒川　われわれも、「幸福実現革命」を目指しているのですが……。

織田信長　ああ、君、まだ生き残っとるんか。

黒川　はい（笑）。ありがとうございます（会場笑）。

織田信長　君の政調会長は、もうええよ。いつも負けとるんで、君が作戦立てたらあかんわ。君ね、書記か記録係かなんかに回してもらえ。そのほうが向いとるぞ。

黒川　どんなかたちでもさせていただきますが……。

織田信長　電話の受付とかな。

黒川　はい、私は何でもさせていただきます（笑）。われわれは、「幸福実現革命」を目指しているわけですが、信長様は、その革命をお手伝いされる立場でいらっしゃるのでしょうか。

織田信長　うーん、だから、「二十一世紀最大の秘密」だと言うとるやないか。もう、これ以上、言わすでないわ。な？
もし、わしが、トボトボと買い物なんかに出かけとるときに、さらわれたりしたら、困るだろうが。だから、それは隠《かく》しとかないかん。

綾織　ということは、すでに、この世にいらっしゃるわけですか。

織田信長　いや、知らん、知らん、知らん、知らん。そんなことは知らんけど、まあ、現代に精通はしつつある。うんうん。

綾織　なるほど、分かりました。では、ぜひ、ご登場をお待ちしたいと思います。

織田信長　君ら、本当に弱すぎるがね。これは、大川隆法総裁がかわいそうで、とてもやないけど、もう、見てられんわ。これだけ値打ちを下げられて、よう生きとられるわ。もう、切腹したくなるんとちゃうか。「世界宗教」とか、「エル・カンターレ」とか、「地球の光だ」とか言いながら、弟子《でし》のこの体《てい》たらくを見てると、わしやったら首を吊《つ》りたくなるな。

やっぱり、弟子の首を早めにはねるべきよ。パパパパパーッと。そして、パーッと新しく入れ替《か》えなあかんわ。これをやらんかったらあかんねえ。なあ？　黒川君。

黒川　はい（笑）。

綾織　ぜひ、お待ちしております。

織田信長　君は、〝老兵〟として、ほかにちゃんと持ち場があるだろう？　なあ？　よくできる人に、早く代わるんだよ。

黒川　はい。私は、どんなかたちでもさせていただきます。凡人《ぼんじん》政治を〝高天原《たかまがはら》の神評定《かみひょうじょう》〟に変えよ

黒川　最後になりますが、「宗教立国」「幸福実現革命」の成就《じょうじゅ》を目指している私たちにメッセージやアドバイス等を頂ければと思います。

織田信長　〝桶狭間《おけはざま》〟でもええけど、そろそろ、何か実績を出さないと、本当に、君ら自身が、幸福の科学という宗教の「信用を収縮する力」になりかねない状態になりつつあると思うな。

そろそろ、当たり前の仕事を当たり前にやらないかんのと違うかなあ。そう思うなあ。

よそのところは、そんなに優《すぐ》れた人ばっかりじゃないし、そんなに優れた戦略があるわけじゃないよ。

君ねえ、現役《げんえき》の総理大臣が、こちら（幸福実現党）の政策をパクってるなんて、こんな恥《は》ずかしいことは、世の中に通用するもんじゃない。だけど、それをやらざるをえないほど、もうアイデアに枯渇《こかつ》してるんだよ。アイデアを出せる人がいないのさ。まあ、凡人《ぼんじん》が集まって政治をやってるわけだ。

だから、このなかで、凡人政治を〝高天原《たかまがはら》の神評定《かみひょうじょう》〟に変えなきゃいけないんだよな。これをそろそろやらなきゃいかんころだな。もう、党首に事欠いて、次から次へと出てはきておるんだけれども、どこかで突破《とっぱ》せないかんわなあ。

次の人（矢内筆勝《やないひっしょう》党首）は、何？「朝日」対策要員か？うーん、玉砕《ぎょくさい》するかなあ……。鉢巻《はちま》き巻いて、朝日新聞に突《つ》っ込《こ》んでいくんじゃないの？

アッハハハ。

黒川　いえ。われわれは、反省を重ねて教訓とし、必ずや勝利を果たしてまいります。

「大うつけ」の幸福実現党よ、そろそろ天下を取れ

織田信長　まあ、そろそろやでえ。

黒川　はい。まさしく〝桶狭間〟の戦いを……。

織田信長　そろそろ勝たないといかんな。まあ、わしにも、「大うつけ」と言われたときもあるからさ。そういう時期があってもいい。

あなたがたは、今、大うつけだよな。「『大うつけ』の幸福実現党」を演じとるんだろうけど、そろそろ、下に〝鎧《よろい》〟を着てるところを見せないといかんのとちゃうかなあ。

（黒川に）君も、いつも「負け戦《いくさ》」ばっかりやるんじゃないよ。本当に、何回生まれても「負け戦」をやっとるんだから……。

黒川　はい。

織田信長　バカみたいじゃないか。たまには天下取らなあかんで。なあ？

黒川　はい。次の参議院選では、必ず、勝利を実現してまいります。

織田信長　まあ、勝とうなあ。よそ様の現状はひどいもんだよ。もう、ズタズタの組織でやってるよ。金はないわ、事務所はないわ、人は足りんわ、政策は思いつかんわで、もうとにかく、人気取りだけ、〝空気〟だけで動いてる。

あんたがたはテレビに出てる人がうらやましゅうてしょうがないんやろうけど、あれ、金がない証拠《しょうこ》なんやから。テレビに出まくっとるのは金がないからや。テレビで宣伝して、それで票を取ろうとしてるのであって、金がないから出てるんだよ。

だから、「出ないでも当選する」というぐらいでなきゃいかんのだよな。
そのへんをきっちりやらんと、「宗教政党」とは言えんわなあ。

黒川　はい。主《しゅ》の御名《みな》を汚《けが》さないように、われわれは、弟子として、不惜身命《ふしゃくしんみょう》、粉骨砕身《ふんこつさいしん》、頑張《がんば》ってまいります。
本日は、本当にご指導ありがとうございました。

織田信長　うん、うん、まあ、頑張りたまえ。

綾織　ありがとうございます。

9　弟子《でし》が「大将首」をあげるべきとき

大川隆法　印象はどうでしたか。

黒川　やはり、この世にかなり精通されていました。

大川隆法　そのようですね。

黒川　はい。対中政策や経済政策については、非常に勉強になりました。

大川隆法　確かに、この世のことには精通していそうですね。

黒川　非常に詳《くわ》しいようです。

大川隆法　それから、やはり、気はなかなかお強いようです。

今のように、ただただ受け身で、言い逃《のが》れればかりするような政治には納得《なっとく》していません。天下布武《てんかふぶ》の旗ぐらいは立てたそうな感じでした。

確かに、そろそろ、弟子《でし》が〝大将首〟をあげなければいけないときが来ているのでしょう。そうすれば、世間《せけん》の態度がコロッと変わってくるのだろうと思います。

考え方を少し変えなければなりません。

ただ、先ほどの感じでは、当会については、「七十五歳《さい》定年制」ではなく、「三十歳定年制」に変えられそうな雰囲気《ふんいき》で、若い人だけでやりたそうな感じでしたね。「先に来た人は、みな二流の人材です。そういう人しかいませんから」という言い方をしているような感じに聞こえなくもありませんでした。

織田信長も実力主義だったのでしょうが、ある程度、当会も能力のある人を登用していかなければいけないのかもしれません。

次の選挙で勝てないようであれば、そろそろ、抜本的《ばっぽん》な改革をしなければいけないかもしれませんね。

黒川　「背水《はいすい》の陣《じん》」で頑張《がんば》ってまいります。

大川隆法　そうですね。それでは頑張りましょう。

黒川　ご指導、まことにありがとうございました。

あとがき

いま日本の国には信長的な人の登場が強く望まれている。民主主義政治の弱いほうの側面がはっきりと出ているからだ。その選挙制度と議会政モタモタ主義が、東日本大震災復興の遅れや、北朝鮮のわが国をナメ切った核ミサイル実験や、習近平中国の、これみよがしの、軍事的海洋覇権《はけん》主義をきわ立たせている。

しかし、私たちは、智慧《ちえ》と勇気で、この国の危機を乗り切ってみせる自信がある。

日本の小さな国の中にある、鎖国型一国平和主義の壁が、もうすぐ壊れると思う。

真実の力が、もうすぐその本来の力を現してくると思う。簡単に述べると、私の言葉を信じるがよい。未来はその上に築かれてゆくだろう。

二〇一三年　三月二十六日

幸福《こうふく》の科学《かがく》グループ創始者兼総裁《そうししゃけんそうさい》　大川隆法《おおかわりゅうほう》

『織田信長の霊言』大川隆法著作関連書籍

『不成仏の原理』(幸福の科学出版刊)
『太閤秀吉の霊言』(同右)
『徳川家康の霊言』(同右)
『日本陽明学の祖 中江藤樹の霊言』(同右)

織《お》田《だ》信長《のぶなが》の霊言《れいげん》 ――戦国の覇者が示す国家ビジョン――

2013年4月8日　初版第1刷

著　者　大《おお》 川《かわ》 隆《りゅう》 法《ほう》

発行所　幸福の科学出版株式会社

〒107-0052 東京都港区赤坂2丁目10番14号
TEL(03)5573-7700
http://www.irhpress.co.jp/

印刷・製本　株式会社 東京研文社

落丁・乱丁本はおとりかえいたします

ISBN978-4-86395-319-2 C0014

大川隆法 公開霊言シリーズ・**戦国時代の英雄の霊言**

徳川家康の霊言

国難を生き抜く戦略とは

なぜ、いまの政治家は、長期的な視野で国家戦略が立てられないのか。天下平定をなしとげた稀代の戦略家・徳川家康が現代日本に提言する。

- 家康が語る江戸時代の「歴史的意義」
- 「現在の政治体制」に対する疑問
- 「地方分権」で国際的脅威に対応できるか
- 信長・秀吉・家康の果たした役割
- 「徳川家康の転生」について探る　ほか

1,400円

太閤秀吉の霊言

天下人が語る日本再生プラン

今の日本は面白くない！ 天下人にまで登りつめた秀吉が、独自の発想力とアイデアで、国難にあえぐ現代日本の閉塞感を打ち砕く。

- 小さすぎて面白くない「今の日本」
- 太閤秀吉が描いた「世界構想」
- 「習近平の中国」に相対《あいたい》する方法
- 日本経済を立て直すポイント
- 人材を発見し、養成するには　ほか

1,400円

※表示価格は本体価格(税別)です。

大川隆法 公開霊言シリーズ・**北朝鮮・中東問題の真相とは**

北朝鮮の未来透視に挑戦する

エドガー・ケイシー リーディング

「第2次朝鮮戦争」勃発か!? 核保有国となった北朝鮮と、その挑発に乗った韓国が激突。地獄に堕ちた"建国の父"金日成の霊言も同時収録。

1,400円

イラク戦争は正しかったか

サダム・フセインの死後を霊査する

全世界衝撃の公開霊言。「大量破壊兵器は存在した!」「9.11はフセインが計画し、ビン・ラディンが実行した!」――。驚愕の事実が明らかに。

1,400円

イスラム過激派に正義はあるのか

オサマ・ビン・ラディンの霊言に挑む

「アルジェリア人質事件」の背後には何があるのか――。死後も暗躍を続ける、オサマ・ビン・ラディンが語った「戦慄の事実」。

1,400円

大川隆法 公開霊言シリーズ・時代を変革する精神

ヤン・フス ジャンヌ・ダルクの霊言

信仰と神の正義を語る

内なる信念を貫いた宗教改革者と神の声に導かれた奇跡の少女――。「神の正義」のために戦った、人類史に燦然と輝く聖人の真実に迫る！

1,500円

王陽明・自己革命への道

回天の偉業を目指して

明治維新の起爆剤となった「知行合一」の革命思想――。陽明学に隠された「神々の壮大な計画」を明かし、回天の偉業をなす精神革命を説く。

1,400円

日本陽明学の祖 中江藤樹の霊言

なぜ社会保障制度は行き詰まったのか!? なぜ学校教育は荒廃してしまったのか!? 日本が抱える問題を解決する鍵は、儒教精神のなかにある！

1,400円

※表示価格は本体価格（税別）です。

大川隆法ベストセラーズ・希望の未来を切り拓く

Power to the Future

未来に力を

英語説法集
日本語訳付

予断を許さない日本の国防危機。混迷を極める世界情勢の行方——。ワールド・ティーチャーが英語で語った、この国と世界の進むべき道とは。

1,400円

未来の法

新たなる地球世紀へ

暗い世相に負けるな！ 悲観的な自己像に縛られるな！ 心に眠る無限のパワーに目覚めよ！ 人類の未来を拓く鍵は、一人ひとりの心のなかにある。

2,000円

されど光はここにある

天災と人災を超えて

被災地・東北で説かれた説法を収録。東日本大震災が日本に遺した教訓とは。悲劇を乗り越え、希望の未来を創りだす方法が綴られる。

1,600円

幸福の科学グループのご案内

宗教、教育、政治、出版などの活動を通じて、地球的ユートピアの実現を目指しています。

宗教法人　幸福の科学

一九八六年に立宗。一九九一年に宗教法人格を取得。信仰の対象は、地球系霊団の最高大霊、主エル・カンターレ。世界百カ国以上の国々に信者を持ち、全人類救済という尊い使命のもと、信者は、「愛」と「悟り」と「ユートピア建設」の教えの実践、伝道に励んでいます。

（二〇一三年三月現在）

愛

幸福の科学の「愛」とは、与える愛です。これは、仏教の慈悲《じひ》や布施《ふせ》の精神と同じことです。信者は、仏法真理をお伝えすることを通して、多くの方に幸福な人生を送っていただくための活動に励んでいます。

悟り

「悟り」とは、自らが仏の子であることを知るということです。教学《きょうがく》や精神統一によって心を磨き、智慧《ちえ》を得て悩みを解決すると共に、天使・菩薩《ぼさつ》の境地を目指し、より多くの人を救える力を身につけていきます。

ユートピア建設

私たち人間は、地上に理想世界を建設するという尊い使命を持って生まれてきています。社会の悪を押しとどめ、善を推し進めるために、信者はさまざまな活動に積極的に参加しています。

国内外の世界で貧困や災害、心の病で苦しんでいる人々に対しては、現地メンバーや支援団体と連携して、物心両面にわたり、あらゆる手段で手を差し伸べています。

年間約3万人の自殺者を減らすため、全国各地で街頭キャンペーンを展開しています。

公式サイト **www.withyou-hs.net**

ヘレン・ケラーを理想として活動する、ハンディキャップを持つ方とボランティアの会です。視聴覚障害者、肢体不自由な方々に仏法真理を学んでいただくための、さまざまなサポートをしています。

公式サイト **www.helen-hs.net**

教育

学校法人 幸福の科学学園

学校法人 幸福の科学学園は、幸福の科学の教育理念のもとにつくられた教育機関です。人間にとって最も大切な宗教教育の導入を通じて精神性を高めながら、ユートピア建設に貢献する人材輩出を目指しています。

幸福の科学学園

中学校・高等学校（那須本校）

2010年4月開校・栃木県那須郡（男女共学・全寮制）

TEL **0287-75-7777**

公式サイト **happy-science.ac.jp**

関西中学校・高等学校（関西校）

2013年4月開校・滋賀県大津市（男女共学・寮及び通学）

TEL **077-573-7774**

公式サイト **kansai.happy-science.ac.jp**

幸福の科学大学（仮称・設置認可申請予定）

2015年開学予定

TEL **03-6277-7248**（幸福の科学 大学準備室）

公式サイト **university.happy-science.jp**

仏法真理塾「サクセスNo.1」

小・中・高校生が、信仰教育を基礎にしながら、「勉強も『心の修行』」と考えて学んでいます。

TEL **03-5750-0747**（東京本校）

不登校児支援スクール「ネバー・マインド」

心の面からのアプローチを重視して、不登校の子供たちを支援しています。
また、障害児支援の「**ユー・アー・エンゼル!**」運動も行っています。

TEL **03-5750-1741**

エンゼルプランV

幼少時からの心の教育を大切にして、信仰をベースにした幼児教育を行っています。

TEL **03-5750-0757**

NPO 活動支援

学校からのいじめ追放を目指し、さまざまな社会提言をしています。また、各地でのシンポジウムや学校への啓発ポスター掲示等に取り組むNPO「いじめから子供を守ろう！ネットワーク」を支援しています。

ブログ **mamoro.blog86.fc2.com**

公式サイト **mamoro.org**

相談窓口 **TEL.03-5719-2170**

政治

幸福実現党

内《ない》憂《ゆう》外《がい》患《かん》の国難に立ち向かうべく、二〇〇九年五月に幸福実現党を立党しました。創立者である大川隆法党総裁の精神的指導のもと、宗教だけでは解決できない問題に取り組み、幸福を具体化するための力になっています。

党員の機関紙
「幸福実現NEWS」

TEL 03-6441-0754
公式サイト hr-party.jp

出版メディア事業

幸福の科学出版

大川隆法総裁の仏法真理の書を中心に、ビジネス、自己啓発、小説など、さまざまなジャンルの書籍・雑誌を出版しています。他にも、映画事業、文学・学術発展のための振興事業、テレビ・ラジオ番組の提供など、幸福の科学文化を広げる事業を行っています。

TEL 03-5573-7700
公式サイト irhpress.co.jp

入会のご案内

あなたも、幸福の科学に集い、
ほんとうの幸福を
見つけてみませんか？

幸福の科学では、大川隆法総裁が説く仏法真理をもとに、
「どうすれば幸福になれるのか、また、
他の人を幸福にできるのか」を学び、実践しています。

入会

大川隆法総裁の教えを信じ、学ぼうとする方なら、どなたでも入会できます。入会された方には、『入会版「正心法語」』が授与されます。（入会の奉納は1,000円目安です）

ネットでも**入会**
できます。詳しくは、
下記URLへ。
happy-science.jp/joinus

三帰《さんき》誓願《せいがん》

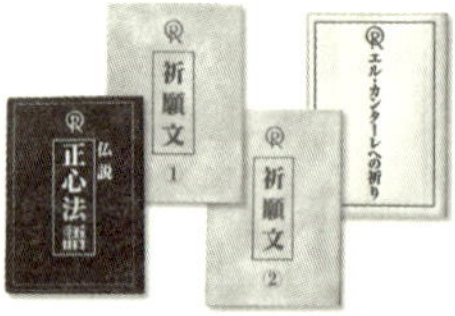

仏弟子としてさらに信仰を深めたい方は、仏・法・僧の三宝への帰依を誓う「三帰誓願式」を受けることができます。三帰誓願者には、『仏説・正心法語』『祈願文①』『祈願文②』『エル・カンターレへの祈り』が授与されます。

植福《しょくふく》の会

植福は、ユートピア建設のために、自分の富を差し出す尊い布施の行為です。布施の機会として、毎月1口1,000円からお申込みいただける、「植福の会」がございます。

「植福の会」に参加された方のうちご希望の方には、幸福の科学の小冊子（毎月1回）をお送りいたします。
詳しくは、下記の電話番号までお問い合わせください。

月刊
「幸福の科学」

ザ・伝道

ヤング・ブッダ

ヘルメス・
エンゼルズ

INFORMATION	**幸福の科学サービスセンター** **TEL. 03-5793-1727**（受付時間 火～金：10～20時／土・日：10～18時） 宗教法人 幸福の科学 公式サイト **happy-science.jp**